내 사랑
인디아

India My Love

내 사랑
인디아

India My Love

오쇼 강의 | 손민규 옮김

태일출판사

옮긴이 손민규

1962년 생. 인도로 건너가 오쇼의 제자로 입문한 후 20여 년 동안 인도를 오가며 여러 스승들을
만나 교류했다. 특히 '유지 크리슈나무르티'와의 만남을 통해 큰 감화를 받았으며, 오쇼 문하에
서 가장 먼저 깨달은 인물로 알려진 '끼란지'와 12년 동안 친교를 나누며 깊은 가르침을 받았다.
지난 20년 동안 명상 서적 전문 번역가로 일하면서『명상, 처음이자 마지막 자유』,『법구경』,『금
강경』,『떠도는 자의 노래』,『마음을 버려라』등을 포함한 50여 권의 명상 서적을 한국에 번역·
소개했다. 현재 오쇼와 끼란지의 가르침에 대해 공부하는 수행모임 '오스카'를 이끌고 있다.
오스카 홈페이지: www.oska.co.kr

21세기를 사는 지혜의 서 19

내 사랑
인디아

India My Love

펴낸날 ㅣ 2012년 3월 30일 중판 1쇄

지은이 ㅣ 오쇼
옮긴이 ㅣ 손민규
펴낸이 ㅣ 이태권
펴낸곳 ㅣ (주)태일소담
　　　　서울시 성북구 성북동 178-2 (우)136-020
　　　　전화 ㅣ 745-8566~7　팩스 ㅣ 747-3238
　　　　e-mail ㅣ sodam@dreamsodam.co.kr
　　　　등록번호 ㅣ 제2-42호(1979년 11월 14일)
　　　　홈페이지 ㅣ www.dreamsodam.co.kr

ISBN 978-89-8151-189-0 04150
　　　978-89-8151-170-8 (세트)

- 책값은 뒤표지에 있습니다.
- 잘못된 책은 구입하신 곳에서 교환해드립니다.

오쇼가 보내온 초대장…
이 초대장에는 초대하는 자와 초대받는 자가
같은 이름으로 기록되어 있다.
우리는 인도로 들어가, 인도와 하나가 된다.
그대의 내면 가장 깊은 곳에 있는 인도…
그곳은 그대 마음의 상태이다.

『내 사랑 인디아』에 관한 찬사

오쇼처럼 인도를 심도 있게 이해하는 사람은 드물다.
철학, 역사, 정치, 문학, 그리고 영적인 차원과
순수한 감정적 차원에 이르기까지
인도에 대한 오쇼의 이해는 다층적이다.
이처럼 그는 인도에 대해 탁월한 이해를 보여준다.
그의 이해는 언어를 초월하여 진실한 사랑의 영역까지 확대된다.
그리하여 오쇼는 모든 것의 핵심에는 사랑이 있다고 말한다.
그것이 오쇼가 우리에게 주는 궁극적인 메시지이다.
그는 사랑을 통해 삶을 발견하고, 경험하고, 맛보라고 말한다.
이 책은 그 사랑의 이정표이다.

프리티쉬 난디(Pritish Nandy) | 저널리스트

◆

1931년 12월 11일부터 1990년 1월 19일까지 지구를 방문했던 오쇼는
수정처럼 투명한 통찰력으로 이 중요한 이야기들을 전개한다.
그는 진리의 모든 면을 파헤치면서,
언제부터인가 알 수 없는 이유로 잠들어 있던 우리의 의식을 일깨운다.
그는 고대의 성자처럼 우리에게 다가와 깨어 있는 의식으로
미래를 준비하라고 가르친다.
그래서 인도가 밝힌 의식의 횃불이 꺼지지 않게 하라고.

라구 라이(Raghu Rai) | 사진작가

오쇼는 결코 마르지 않는 지혜의 샘물이다.
금세기에 가장 탁월한 인물인 그는
우리 인류를 위해 새로운 세계, 즉 사랑의 길을 통해
우리 자신을 즐기고 되찾을 수 있는 길을 열어주었다.
여기, 시대를 관통하는 지혜의 에센스가 있다.
언젠가 죽을 운명인 우리 인간이 불멸을 얻을 수 있는
지혜의 감로수가 여기에 있다.

나라얀(Mr. V. N Narayan) | 뉴 델리, 〈힌두스탄 타임스〉의 편집장

◆

이 빛나는 우화들은 크나큰 기쁨을 안겨준다.
이 책을 천천히 읽어라. 사랑으로!

지트 타일(Jeet Thayil) | 저술가, 시인, 〈아시아 위크(Asiaweek)〉의 기고가

◆

세상에 비폭력 정신을 선사한 인도가
그 영적인 전통을 회복할 때가 되었다.
《내 사랑 인디아》는 이 시대를 위해
꼭 필요한 기념비적인 가르침이다.

말리카 사라바이(Mallika Sarabhai) | 인도 고전 무용가

옮긴이의 말

나는 지금 인도에 있지만 인도를 모른다.

예전에는 아는 것 같았는데,
인도에서 지내는 시간이 길어질수록 점점 더 모르는 것이 많아진다.
수많은 인도인들과 접촉하고, 인도 여기저기를 여행하고,
여러 성자와 스승들을 만나고,
그럴수록 예전에 인도에 대해 갖고 있던 앎은 엷어져간다.
앎이 엷어지고 엷어져서 '모른다'는 사실조차 실감나지 않는다.
진정한 어머니는 모성애를 모르고, 진정한 스승은 '스승됨'을 모른다.
그만큼 그들의 사랑은 너무나 가까이 있다.
아니 가까이 있다는 표현조차 어울리지 않는다.
그들은 우리와 그들 사이에 어떠한 간격도 허용하지 않기 때문이다.

이 책에서 오쇼는 우리를 내면의 인도로 초대한다.
이 초대장에는 초대하는 자와 초대받은 자가
같은 이름으로 기록되어 있다.
우리는 모든 것을 뒤에 남겨놓지 않아도 인도로 들어간다.
왜냐하면 인도 안에는 우리의 모든 것이 들어 있기 때문이다.
급기야 인도는 우리 자신과 하나가 된다.
이 책은 오쇼가 보내는 초대장이다.
불가사의함이 낯설게 느껴지지 않는,
우리 내밀한 공간의 교류이며 사랑인 것이다.

인도에서 손민규

서문

오쇼가 보는 인도

눈부시게 빛나는 인도, 어둡고 황폐한 인도, 소달구지가 굴러가는 고대의 인도, 눈부시게 발전하는 현대의 인도……. 과연 어느 것이 인도인가? 인도는 한 장소를 말하는 것일까? 아니면 하나의 개념? 한때 황금의 새처럼 비상하던 나라? 인도를 어떻게 이해해야 하는가? 수많은 흐름과 지류, 신비주의자, 황제들, 비길 데 없이 훌륭한 장인과 천상의 음악을 들려주는 음악가들……. 설령 내가 인도를 안다 해도 그것을 말로 표현할 수 있을까? 인도를 그림으로 표현한다면 어디까지 내 상상력을 펼쳐 보일 수 있을까?

인도는 하나의 패러독스(paradox)이다. 모순이 끊임없이 이어지는 곳이다. 만일 논리를 고수한다면 인도를 이해하는 것은 거의 불가능하다. 그럼에도 불구하고, 다른 차원에서 보면 모든 것이 적재적소에 놓여 있는 곳이 바로 인도이다. 그래서 인도에 일주일을 머문 사람은 책을 한 권 쓸 수 있게 되고, 인도에 한 달을 머문 사람은 한 편의 글을 쓸 수 있게 된다고 한다. 그러나 인도에서 몇 년, 혹은 그 이상을 머문 사람은 단 한 단락의 글도 쓰지 못한다.이렇듯 인도는 엄청나게 오묘한 나라이다. 그래서인지 인도의 모순은 곳곳에서 발견된다. 한편에서는 빈곤에 시달리는 반면, 다른 한편에서는 중산층의 소비자들이 급격하게 등장하고 있는 곳이 인도이다. 인도인들은 거의 모든 방면에서 훌륭한 재능을 지니고 있다. 그러나 두루 퍼져 있는 나태함은 인도의 물질적인 성장을 가로막는 저해 요인으로 작용하기도 한다. 인도는 거대한 민주주의국가이다. 그러나 고질적인 카스트제도, 족벌 체제, 당에 대한 무조건적인 충성 등으로 정치는 부패의 길로 치닫고 있다. 면밀하게 살펴보면, 이런 병폐의 근본 원인은 업(業)과 환생에 대한 지나친 집착에 있음을 알게 된다. 수천 년 동안 이어 내려온 인도의 모순은 이 '환생'이라는 개념을 숙명론적으로 해석함으로써 개인과 집단의 책임을 회피했기 때문이다. 즉, 인도는 특정한 범주에 속하는 어떤 용어로도 설명되지 않는다. 인도는 단순히 하나의 나라가 아니라 신비, 그 자체이기 때문이다.

인도는 위풍당당한 바니안(banyan)나무의 신비와 같다고 할 수 있다. 대(大)성당의 기둥을 연상케 하는 거대한 가지를 땅에 뿌리박고 있는 바니안나무! 아침 이슬처럼 청초하게 떠오르는 섬세하면서도 숭고한 연꽃…… 인도는 이 연꽃의 신비에 비유될 수 있다. 인도는 내재적인 동시에 초월적인 현상이며 어린 아이들이 경험하는 깊은 경이감과 놀라움이 살아 있는 곳이다.

인도에 대해 말할 때 오쇼의 말투는 더 부드러워지지만 권위가 흘러넘친다. 그는 인도의 핵심을 드러낸다. 그는 지리학적인 인도나 역사적인 인도에 관심이 없다. 그는 인도가 가진 내부의 아름다움을 보여주기 위해 심혈을 기울인다. 그래서 히말라야처럼 멀고 높은 곳도 우리의 숨결처럼 가깝게 느껴진다. 무지개처럼 미묘하면서도 실제적이고 살아 있는 것으로 느껴지는 것이다. 이것이 인도에 대한 그의 사랑이다.

오쇼의 독창적이고 예리한 통찰력은 인도의 영적인 전통을 풍성하게 가꾸어준 깨달은 스승들의 정수(精髓)를 밝혀준다. 인도의 과거 전체를 보는 그의 자애로운 시각은, 물질적인 진보와 일시적인 성공에 들떠 있는 오늘날의 이 나라에 아직 진정한 지혜가 사라지지 않았음을 확인시켜준다. 오쇼는 물질적인 목표는 인간의 성장에 있어서 없어서는 안 될 부분이라고 말한다. 그러나 그는 현대의 인도가 영원한 영적 탐구를 아직 포기하지 않았으며, 이것이야말로 인류 문명에 기여한 인도의 독특한 공헌임을 보여주려고 노력한다.

　그는 신부를 찬양하는 신랑처럼 인도를 찬미한다. 부드러운 손길, 그의 손길은 피리에서 흘러나오는 선율과도 같다. 그의 시선은 수줍음으로 얼굴을 반쯤 가린 신부에게 고정되어 있다. 그는 인도를 광활한 바다, 그리고 무한한 다양성을 가진 곳으로 본다. 그는 인도를 스스로 에너지를 창조하는 곳으로 본다. 숨어 있는 꽃과 같은 깨달은 스승들, 이 오래된 땅에서 많은 사람들에게 길을 보여준 깨달은 스승들 위에 오쇼는 자기 영혼의 빛을 비춘다. 인도에 대한 오쇼의 사랑은 시간과 공간을 초월한다. 그의 통찰력은 인도의 영적인 면을 깊이 탐구한 개인적이고 실존적인 경험에서 나온 것이다. 그는 지적인 차원에서 정보를 주는 것이 아니다. 실제로 그는 다양한 차원에 걸쳐 인도의 진보를 고찰한다. 모든 선입견에서 벗어난 통합적인 의식으로 인도를 직접 파고든다. 그리하여 그는 인도의 본질을 그대로 반영하고 있다. 그는 인도의 의식을 구체적으로 실현한 존재이기 때문이다.

　탁월한 이야기꾼으로서의 오쇼는 우리가 인도를 발견하고, 보고, 듣고, 느끼는 데 도움이 되도록 풍성한 일화를 사용한다. 다양한 일화와 통찰력을 통해 인도를 조명하면서 각각의 미묘한 뉘앙스와 차이점, 각각의 색채를 드러내준다. 여기엔 놀랍도록 투명한 이해와 유희성이 깃들어 있다. 그는 인도를 이해할 수 있는 여러 가지 길을 열어준다. 오쇼는 인도를 사랑한다. 왜냐하면 그는 인도를 알기 때문이다!

스와미 사티야 베단트(Swami Satya Vedant)
철학 박사, 오쇼 국제 재단 내 오쇼 멀티버시티(Osho Multiversity)의 학장

차례

들어가는 말

인도는 다른 나라에는 없는
에너지로 진동하고 있다.

인도는 단순히 지리학이나 역사에 속하는 나라가 아니다. 인도는 단순히 하나의 민족, 국가, 지구의 일부가 아니다. 인도는 그 이상의 무엇이다. 인도는 하나의 은유이며 시(詩)이다. 눈에는 보이지 않지만 너무나 확실하게 느껴지는 그 무엇이다. 인도는 다른 나라에서 찾아볼 수 없는 에너지로 진동하고 있다. 거의 만 년에 이르는 세월 동안 많은 사람들이 의식의 궁극적인 정상에 도달했다. 그들의 진동은 아직 살아 있다. 그들의 영향력이 공기 중에 살아 숨쉬고 있다. 그러나 이 불가사의한 나라를 둘러싸고 있는 그 무엇, 눈에 보이지 않는 그 무엇을 느낄 수 있는 능력이 필요하다. 이것을 감지할 수 있는 능력이 필요한 것이다. 인도는 참으로 불가사의한 나라이다. 인도는 단 하나를 위해 모든 것을 포기했다. 진리의 탐구가 그것이다. 인도는 위대한 철학자들을 낳지 못했는데 이것은 참으로 놀라운 사실이다. 인도는 플라톤, 아리스토텔레스, 토마스 아퀴나스(Thomas Aquinas), 칸트, 헤겔, 브래들리(Bradley), 버트란트 러셀 같은 인물을 낳지 못했다. 인도의 역사 전체를 통틀어 단 한 명의 철학자도 없었다. 하지만 인도는 진리를 탐구해 왔다.

인도인들의 진리 탐구는 다른 나라에서 행해진 것과 분명히 달랐다. 다른 나라 사람들은 진리에 대해 '생각하고' 있었으나 인도인들은 진리에 대해 생각하지 않았다. 어떻게 진리에 대해 생각할 수 있는가? 그대는 진리를 알거나 모르거나 둘 중의 하나이다. 생각은 불가능한 것이다. 그리하여 진리에 대한 철학은 불가능하다. 그것은 부질없고 헛된 망상일 뿐이다. 그것은 장님이 빛에 대해 생각하는 것과 같다. 그가 무엇을 생각하겠는가? 그가 위대한 천재나 논리학자라 해도 아무 소용없다. 빛을 보는 데에는 천재성이나 논리가 필요없기 때문이다. 다만 볼 수 있는 눈이 필요할 뿐이다. 빛은 눈으로 보는 것이지 생각해서 아는 것이 아니다. 진리를 아는 것은 가능하지만 생각하는 것은 불가능하다. 따라서 인도에는 '철학(philosophy)'에 해당하는 말이 없다. 진리의 탐구를 인도에서는 '다르샨(darshan)'이라고 부른다. 이 '다르샨'이라는 말은 '봄(見)'을 의미한다. 철학은 생각을 의미한다. 그리고 생각은 맴을 도는 것과 같다. 계속해서 주변을 맴돌 뿐, 결코 경험에 이르지 못하는 것이다.

　　　인도는 진리를 알고 진리 자체가 되는 데 전력을 기울인 단 하나의 땅이다. 인도는 자신이 가진 재능 전부를 여기에 바쳤다. 인도의 역사 전체를 살펴보아도 단 한 명의 위대한 과학자가 없다. 재능 있는 사람들이 없었던 게 아니다. 천재들이 없었던 것이 아니다. 인도에도 수학자들은 있었다. 그러나 아인슈타인 같은 인물은 없었던 것이다. 이 나라 전체가 객관적인 연구에는 아무 관심이 없었다. 참으로 불가사의한 일이 아닐 수 없다. 이 나라에서는 타인(他人)를 아는 것이 목적이 아니라 자기 자신을 아는 것이 유일한 목적이었기 때문이다. 만 년이라는 세월 동안 인도인들은 단 하나의 목적을 위해 끊임없이 노력해 왔다. 그리고 그것을 위해 과학, 기술 발전, 경제적인 부유함 등의 모든 것을 희생했다. 가난과 질병, 죽음을 운명처럼 받아들이며, 어떤 대가를 치르더라도 이 탐구를 포기하지 않았다. 이것이 어떤 분위기를 창출해냈다. 사방을 바다처럼 메운 특별한 진동을 창조한 것이다.
조금이라도 명상적인 마음을 지니고 인도에 온 사람은 이 진동을 느낄 수 있을 것이다. 그러나 단순히 관광객으로 온 사람은 그것을 느낄 수 없다. 그는 폐허가 된 유적들, 궁전, 타지마할(Taj Mahal), 사원들, 카주라호(Khajuraho), 히말라야를 보겠지만 진짜 인도는 보지 못할 것이다. 인도를 아무리 돌아다녀도 진짜 인도는 만나지 못할 것이다. 이 진짜 인도의 진동은 모든 곳에 충만해 있지만 그는 민감하지 않다. 이 진동을 느낄 만큼 수용적이지 않다. 그는 진짜 인도를 보러 온 것이 아니라 인도가 남긴 잔해들, 그 해골을 보려고 온 것이기 때문이다. 그는 인도의 영혼을 보려고 온 것이 아니다. 그는 사진기로 그 해골들을 찍어서 앨범을 만들고 그는 "나는 인도에 갔었다. 나는 인도를 안다"고 생각한다. 그러나 그것은 스스로에게 속고 있는 것이다. 사진기로 담을 수 없는 영적인 세계가 인도에는 존재하기 때문이다.

그대는 어떤 나라를 가든 그 나라 사람들, 그 나라의 역사, 그 나라의 과거를 만날 수 있다. 완벽하게 만날 수 있다. 독일, 이탈리아, 프랑스, 영국 같은 나라에서는 얼마든지 그것이 가능하다. 그러나 인도에서는 그것이 별 의미가 없다. 만일 인도를 다른 나라와 똑같은 범주로 생각한다면 그대는 이미 핵심을 놓친 것이다. 그 나라들에는 영적인 오라(aura)가 없다. 그들은 고탐 붓다를 낳지 못했다. 그들은 마하비라, 네미나타(Neminatha), 아디나타(Adinatha)를 낳지 못했다. 그들은 까비르(Kabir), 파리드(Farid), 다두(Dadu) 같은 인물을 낳지 못했다. 물론, 그들은 위대한 과학자와 시인, 예술가들을 낳았고 위대한 화가들을 낳았다. 그들은 온갖 재능 있는 사람들을 배출했으나 신비주의자는 오직 인도에서만 발견된다. 적어도 지금까지는 그랬다.

신비주의자는 전혀 다른 세계의 사람이다. 그는 단순히 천재가 아니며 위대한 화가이거나 시인 또한 아니다. 그는 신의 전령(傳令)이다. 그는 신을 초대하는 사람으로서 신이 들어오도록 문을 열어 준다. 지금까지 수천 년 동안 많은 사람들이 이 문을 열었다. 그래서 이 나라는 신성한 기운으로 충만하다. 이 기운이 진정한 인도이다. 그러나 이것을 알려면 특별한 마음 상태가 필요하다.

명상할 때, 침묵에 잠겨 들어갈 때, 그대는 진짜 인도가 들어와 그대와 만나도록 허용하는 것이다. 그대는 다른 어디에서도 발견할 수 없는 진리를 이 가난한 나라에서 발견할 수 있다. 이 나라는 너무나 가난하지만 영적으로는 풍요로운 유산을 물려받았다. 눈을 떠서 이 유산을 보는 순간, 그대는 놀라움을 금치 못할 것이다. 아마 이 나라는 다른 모든 것을 제쳐두고 오직 의식의 진화에만 깊이 몰두한 유일한 나라일 것이기 때문이다. 다른 나라들은 여러 가지 많은 것들과 관련되어 있다. 그러나 이 나라는 단 하나의 목적을 지향해 왔다. 어떻게 하면 인간의 의식을 신과 만나는 지점까지 진화시키느냐, 어떻게 인간과 신을 더 가깝게 만드느냐 하는 것이 단 하나의 지향점이었다. 그리고 이것은 한 개인의 문제가 아니라 수많은 사람들의 문제였다. 하루나 한 달, 일 년에 그치는 문제가 아니라 수천 년에 걸친 화두였다. 따라서 이 나라를 둘러싸고 엄청난 에너지의 장(場)이 창조된 것은 어쩌면 당연하다. 이 에너지는 사방을 덮고 있다. 그대는 준비만 하면 된다.

진리에 목마른 사람들은 누구든지 갑자기 인도에 관심을 갖게 된다. 그것은 우연한 일이 아니다. 그들은 동양을 향해 움직이기 시작한다. 이것은 어제 오늘의 일이 아니다. 기록에 나와 있듯이 아주 오래 전부터 그랬다. 2천 5백 년 전에 피타고라스가 진리를 찾아 인도에 왔다. 예수 그리스도 또한 인도에 왔다.

유사 이래, 지구 방방곡곡에서 구도자들이 이 땅을 찾아왔다. 인도는 가난하다. 물질에 관한 한 인도는 줄 것이 없다. 그러나 민감한 사람들에게 인도는 지상에서 가장 풍요한 땅이다. 이 풍요함은 내면의 풍요함이다. 이 나라는 가난하다. 그러나 인간이 가질 수 있는 가장 소중한 보물을 그대에게 줄 수 있다.

오쇼 우파니샤드 21장
The Osho Upanishad Chapter 21

하나,
우주적인 꿈

그대가 망각한 것을 상기시키는 것,
그대 안에 잠들어 있는 것을
일깨우는 것,
이것이 붓다들의 꿈이다.

당신은 지난 25년에서 30년 동안 자신의 꿈을 실현하기 위해 무진 애를 쓰셨습니다. 그렇게 온갖 고난과 역경을 헤쳐 나가면서 이루고자 하는 당신의 꿈은 무엇입니까?

이 꿈은 우주적인 꿈이지 나만의 꿈이 아니다. 이 꿈은 아주 오래되었다. 영원부터 내려오는 꿈이라고 할 수 있다. 인간의 의식에 첫 번째 여명(黎明)이 비출 때부터 지구는 이 꿈을 알고 있었다. 이 꿈의 화환(花環)에는 얼마나 많은 꽃이 달려 있는가! 고탐 붓다, 마하비라, 까비르(Kabir), 나나크(Nanak) 등 얼마나 많은 사람들이 이 꿈을 위해 그들의 삶을 바쳤던가. 그러니 어떻게 이 꿈을 나의 꿈이라고 부를 수 있겠는가? 모든 인간의 내적 자아가 이 꿈을 꾸고 있다. 이것은 모든 인간의 꿈이다. 우리는 이 꿈을 '인도' 라는 이름으로 부른다.

인도는 대륙의 일부나 정치적인 실체, 또는 역사적 사실의 일부가 아니다. 인도는 돈과 권력, 지위, 신분을 쫓아 달리는 광적인 질주가 아니다. 인도는 진리를 얻으려는 염원이며 목마름이다. 우리의 심장 안에 거주하는 진리, 우리 의식의 층 아래에 잠들어 있는 진리, 본래 우리의 것이면서도 까맣게 잊혀진 진리, 그런 진리에 대한 염원과 갈증이 바로 인도이다. 그 진리를 기억하고 되살리는 것이 인도인 것이다.

암리타시야 푸트라(Amritasya putrah), "오, 불멸의 자손들이여!" 이 부름을 들은 사람들만이 진정한 인도인이다. 그 외에는 아무도 인도인이 될 수 없다. 어느 나라에 태어나든, 과거나 미래 어느 시대에 태어나든 상관없다. 내면의 진리를 탐구한다면 그대는 이미 인도의 자손인 것이다. 내게 있어서 인도는 영성(spirituality)과 동의어이며 종교성(religiousness)과도 동의어이다. 이런 의미에서 본다면, 인도의 자손은 지구 방방곡곡에 퍼져 있다. 인도에 태어난 사람이라 해도 그에게 불멸의 진리를 탐구하려는 열정이 없다면 그는 이미 인도인이 아니다.

인도는 영원한 여행이며 감로수(甘露水)가 솟아나는 샘으로 가는 길이다. 즉 영원에서 영원으로 뻗어 있는 길이다. 이것이 우리가 인도의 역사를 쓰지 않은 이유다. 역사란 정녕 쓸 가치가 있는 것인가? 역사는 세속적이고 일반적인 것, 오늘은 폭풍처럼 일어났다가 내일이면 자취도 없이 사라지는 것들을 위한 것이다. 역사는 한낱 먼지 바람일 뿐이다. 인도는 역사를 쓰지 않았다. 인도는 오로지 영원의 세계에 닿으려고 노력해 왔을 뿐이다. 눈도 깜빡이지 않고 달을 응시하는 부엉이처럼…….
나는 망각의 늪에 빠진 사람들, 깊은 잠의 수렁에 빠진 사람들을 깨우고자 한다. 그래서 인도가 그 내면의 존엄성과 긍지, 만년설로 덮인 정상의 봉우리들을 되찾을 수 있기를 바란다. 인도의 운명은 인류 전체의 운명과 연결되어 있기 때문이다. 이것은 한 국가의 문제가 아니다. 인도가 어둠 속에 실종되면 인류에게 더 이상 미래는 없다. 만일, 우리가 인도에게 다시 날개를 달아 주고 하늘로 날아오르게 할 수 있다면, 그 눈망울이 별을 향해 날아오르려는 염원으로 가득 차게 할 수 있다면, 우리는 내적인 갈증에 시달리는 사람들을 구원할 수 있을 것이다. 여기에서 그치지 않고, 오늘은 잠들어 있지만 내일은 깨어날 사람들까지 구원하게 될 것이다.

우리는 인도에서 인간의 의식을 발전시켜 왔다. 인도가 인간의 내면에 밝혀 놓은 등불, 인간의 가슴속에 가꾸어 놓은 아름다운 꽃들, 인간 내부에 창조해 놓은 그윽한 향기들……. 이런 일들은 인도가 아닌 어느 곳에서도 행해지지 않았다. 인도는 만 년이 넘도록 끊임없이 요가와 명상을 그치지 않고 행했다. 이를 위해 인도는 다른 모든 것을 버렸다. 이 일을 위해 인도는 다른 모든 것을 희생했다. 인간이 처한 가장 어두운 밤에도 인도는 의식의 등불을 지켜 왔던 것이다. 비록 그 등불이 희미해졌다 해도 불꽃은 여전히 타고 있을 등불을……. 그대는 내 꿈이 무엇인지 묻는다. 내 꿈은 모든 붓다들이 항상 간직하고 있던 꿈과 똑같다. 그대가 망각한 것을 상기시키는 것, 그대 안에 잠들어 있는 것을 일깨우는 것, 이것이 모든 붓다들의 꿈이다. 영원한 삶(eternal life)은 인간의 타고난 권리이다. 신성(godliness)의 체현은 모든 인간의 천부적 권리다. 이것을 이해할 때까지 인간은 전체(whole)가 될 수 없다. 그는 미완의 불구자로 남을 것이다.

깨달은 이래, 나는 한시도 하나의 꿈을 잊은 적이 없다. 밤이나 낮이나 내게는 오직 하나의 꿈이 있다. 그대가 망각한 보물을 상기시키는 데 내가 도움이 될지도 모른다는 꿈. 그대의 내면에도 "아날 하크(Ana' l haq)"라는 선언이 솟아날 수 있다. 그대 또한 "아함 브라흐마스미(Aham Brahmasmi), 나는 신이다"라고 말할 수 있다. 이것이 나의 유일한 꿈이다.

지구 방방곡곡에서 신에 대해 말해 왔다. 그러나 신은 항상 저 멀리에, 별 너머 아득한 곳에 있었다. 인간의 내면에 신이 거주한다고 말한 나라는 인도밖에 없다. 그리고 이 내면의 신을 깨닫는 데 있어서 오직 인도만이 인간에게 아름다움과 존엄성, 인간 자신이 사원이 될 수 있다는 가능성을 부여했다. 어떻게 하면 모든 존재가 사원이 될 수 있는가, 어떻게 하면 모든 존재가 매순간 타오르는 기도의 불꽃이 될 수 있는가, 이것이 나의 꿈이다. [1]

라자스탄, 라낙뿌르의 차우무카 사원

25

"아함 브라흐마스미(Aham Brahmasmi)", 이것은 인류 역사상 가장 대담한 선언일 것이다. 나는 미래 그 언젠가 되더라도 이 선언을 더 낫게 고치는 것이 가능하다고 생각하지 않는다. 이 선언에 담긴 용기는 절대적이고 완벽하다. 그러므로 이 선언을 더 좋게 개량하는 것은 불가능하다. 이 선언은 너무나 근본적이기 때문에 이보다 더 깊이 들어가거나 더 높게 오르는 것은 불가능하다. 아함 브라흐마스미, 이 간단한 문장은 산스크리트어로 단 세 단어에 불과하다. 영어로도 "I am the Ultimate(나는 절대자다)"라는 몇 개의 단어로 번역될 수 있다. 나를 넘어서는 아무것도 없다. 내 안에 존재하지 않는 높이도 없고, 내 안에 존재하지 않는 깊이도 없다. 내가 나 자신을 탐험한다면 존재계의 신비 전체를 탐험하는 것과 같다.

우파니샤드 시대의 인도는 가장 영광된 시기를 구가하고 있었다. 그 시대의 유일한 탐구, 유일한 염원은 자기 자신을 아는 것이었다. 다른 어떤 야망도 인간을 지배하지 못했다. 야망에 찬 사람들, 부(富)를 쫓는 사람들, 권력을 추구하는 사람들은 심리적으로 병든 사람이라고 여겼다. 심리적으로 건강한 사람들, 정신적으로 건강한 사람들의 유일한 탐구는 자기 자신을 알고 진정으로 자기 자신이 되는 것이었다. 전 우주에 대고 가장 내밀(內密)한 비밀을 선언하는 것이 그들의 유일한 염원이었다. 그 비밀이 여기에 담겨 있다. "아함 브라흐마스미, 나는 신이다." [2]

우파니샤드의 가르침은 붓다보다 훨씬 오래 되었다. 붓다가 말한 것은 우파니샤드에 숨어 있는 가르침과 똑같다. 이것을 깊이 파고든 사람들은 붓다의 가르침이 우파니샤드에 대한 생생한 설명이라는 것을 발견할 것이다. 우파니샤드의 현인(賢人)들은 불을 갖고 놀고 있었다. 그러나 붓다가 나타날 무렵 그것은 이미 재가 되어 있었다. 다시 붓다가 불에 대해 말하기 시작했다. 우파니샤드 시대의 재를 지키면서 그것을 불이라고 부르던 사람들에게 붓다가 적으로 보인 것은 당연한 일이다. 그것은 너무나 당연한 일이다. 불이 다시 타오르기 시작하면 재를 지키던 사람들은 곤경에 처할 것이기 때문이다.

진리가 항상 하나라는 것을 이해하기는 어렵다. 진리의 표현 방법이 다르기 때문이다. 하지만 진리의 살아 있는 핵심은 항상 똑같다. 사실, 영원한 가치를 갖는 모든 것에 대해 이미 우파니샤드에서 확실하게 말해졌다. 나는 우파니샤드에 다른 말을 덧붙이는 것이 가능한지 의심스러울 뿐이다. 우파니샤드를 더 낫게 고칠 수 있을까? 그들을 개량할 수 있을까? 나는 그렇게 보지 않는다. 어떠한 개선도 불가능해 보인다. 그런 일이 가능한지 의심스럽다. 어떠한 방법도 없는 것 같다. [3]

우파니샤드 시대에 스베타케투(Svetaketu)라는 소년이 있었다. 아버지가 그를 공부시키려고 깨달은 스승에게 보냈다. 그는 배울 수 있는 모든 것을 배웠다. 베다 전부를 암기하고, 그 시대에 알려진 과학 전부를 배웠다. 그는 뛰어난 학자가 되었으며 나라 전역에 이름을 떨치기 시작했다. 더 이상 배울 것이 없었다. 그러자 스승이 말했다. ❧ "너는 내가 가르칠 수 있는 것은 모두 배웠다. 그러니 이제 집으로 돌아가라." 스승이 알고 있는 것은 그 또한 알고 있었다. 스승은 모든 것을 가르쳤다. 더 이상 배울 것이 없다고 생각한 스베타케투는 스승의 말에 따라 집으로 돌아갔다. 물론 커다란 자부심과 긍지를 갖고서. ❧ 스베타케투가 마을로 들어서고 있을 무렵, 그의 아버지인 우달라카(Uddalak)는 창문 밖으로 아들이 돌아오는 것을 보았다. 우달라카는 아들이 의기양양하게 걸어오는 모습을 보았는데, 아들은 아주 거만하게 고개를 빳빳하게 곤추세우고 있었다. 그리고 사방을 둘러보는 모습에서는 모든 것을 안다는 교만함마저 배어 나오고 있었다. 이 모습을 보고 아버지는 낙담했다. 이것은 진실로 아는 자의 행동거지가 아니었다. 궁극적 지혜에 도달한 사람의 모습이 아니었던 것이다. ❧ 스베타케투가 집 안으로 들어갔을 때 그는 아버지가 매우 기뻐할 것이라고 생각했다. 이제 그는 온 나라에서 최고가는 학자 중의 한 명이 되어 있었기 때문이다. 명성이 사방에 자자하고, 가는 곳마다 존경받는 사람이 되어 있었으나, 아버지는 반기기는커녕 매우 슬픈 표정을 짓고 있었다. 그래서 스베타케투가 물었다. "왜 그렇게 슬픈 표정을 짓고 계십니까?" ❧ 아버지가 말했다. "네게 한 가지 물을 게 있다. 그것 하나만 배우면 다른 것은 더 이상 배울 필요가 없는 것이 있다. 그것을 배웠느냐? 모든 고통을 잠재우는 앎이 있다. 그것을 알았느냐? 가르쳐질 수 없는 것을 배웠느냐?" ❧ 아들이 의기소침해져서 말했다. "아닙니다. 제가 아는 모든 것은 제게 가르쳐진 것입니다. 그리고 배울 준비가 된 사람만 있다면 누구에게든지 그것을 가르칠 수 있습니다." ❧ 아버지가 말했다. "그렇다면 다시 돌아가라. 가르쳐질 수 없는 것을 가르쳐 달라고 스승에게 청하라." ✤ 아들이 말했다. "그것은 합당한 말씀이 아닙니다. 만일 가르쳐질 수 없는 것이라면 스승님이 어떻게 제게 그것을 가르칠 수 있겠습니까?" ✤ 아버지가 말했다. "그것이 스승의 기술이다. 그는 가르쳐질 수 없는 것을 가르칠 수 있다. 다시 돌아가라." 아들이 스승에게 돌아가 엎드려 절하고는 물었다. "아버님께서는 말도 안 되는 이유를 내세워 저를 돌려보냈습니다. 이제 저는 제가 어떤 상황에 처했는지, 무엇을 물어야 하는지조차도 모르겠습니다. 아버님께서는 제게 배울 수 없는 것을 배운 다음에 돌아오라고 말씀하셨습니다. 가르쳐질 수 없는 것을 배운 다음에 집으로 돌아오라고 하셨습니다. 그것이 무엇이옵니까? 스승님은 그것에 대해 말씀해 주지 않으셨습니다." ✤ 스승이 말했다. "묻지 않는 한 그것을 말하는 것은 불가능하다. 너는 그에 대해 물은 적이 없다. 이제 너는 완전히 새로운 길로 접어들었다. 명심하라, 그것은 너무나 미묘하기 때문에 가르치는 것이 불가능하다. 나는 간접적으로 너를 도울 수 있을 뿐이다. 자, 이제 한 가지 일을 하라. 여기에 있는 모든 동물을 돌보아라." 암소와 황소를 비롯해 최소한 4백여 마리의 동물이 있었다. "아무도 들어올 수 없는 깊은 숲 속으로 들어가라. 가서 침묵을 지키며 이 동물들과 함께 살아라. 아무 말도 하지 마라. 이 동물들은 언어를 이해하지 못한다. 그렇게 침묵을 지키며 살다가 이 4백 마리의 동물이 천 마리가 되면 그때 돌아오라." ✤ 4백 마리의 동물이 천 마리가 되려면 긴 시간이 필요하다. 그것을 뻔히 알면서도 스베타케투는 묵묵히 스승의 말에 따랐다. 그는 "숲 속에 가서 무엇을 하라는 말씀입니까? 그게 무슨 소용입니까?"라고 묻지 않았다. ✤ 그는 깊은 숲 속에 들어가 동물과 나무, 바위와 더불어 살았다. 그는 아무 말도 하지 않았으며 인간 세상에 대해 까맣게 잊었다. 마음은 인간의 창조품이다. 인간들과 함께 살 때 마음은 끊임없이 먹이 감을 구할 수 있다. 다른 사람들이 무엇인가 말하고, 그대 또한 무엇인가 말한다. 이런 상황 속에서 마음은 끊임없이 작용하며 계속 무엇인가 배워 간다. ✤ 그래서 스승이 말했다. "깊은 숲 속으로 들어가 혼자 살아라. 아무 말도 하지 말아라. 그 곳에서는 생각이 필요없다. 이 동물들은 너의 생각을 이해하지 못할 것이다. 너의 학식은 이곳에 버리고 가라." ✿ 스베타케투는 이 말에 따랐다. 그는 숲 속으로 들어가 몇 년 동안 동물들과 살았다. 처음 며칠 동안은 마음속에 생각이 남은 채 똑같은 생각이 계속해서 반복되었다. 그러다가 곧 지루해졌다. 새로운 사념이 떠오르지 않는다면 그대는 마음이 단순히 기계적인 반복에 불과하다는 것을 깨달을 것이다. 즉 마음은 판에 박힌 패턴을 되풀이할 뿐이다. 이제 스베타케투는 새로운 지식을 얻을 길이 없었다. 새로운 지식이 있을 때 마음은 항상 행복하다. 무엇인가 갈고 닦을 것이 있기 때문이고 다시 할 일이 생기기 때문이다. 그래서 마음이라는 기계가 계속 작용한다. ✿ 스베타케투는 이런 사실을 깨달았다. 4백 마리의 동물과 새들, 다른 야생 동물들, 나무, 바위, 강, 개울이 있을 뿐이었다. 인간은 그림자도 찾아볼 수 없었다. 다른 인간과 교류할 기회가 전혀 없었다. 교만을 부리는 것은 아무 소용도 없었다. 이 동물들은 스베타케투가 얼마나 위대한 학자인지 몰랐을 뿐만 아니라 그들은 이런 점을 알아주지도 않았다. 그들은 스베타케투를 존경 어린 눈길로 쳐다보지도 않았다. 그래서 그에게 서서히 학자로서의 자부심이 사라져 갔다. 동물들 틈에서 거만하게 걷는 것은 부질없는 짓이었다. 그것은 바보 같은 행동이었다. 스베타케투는 '내가 거만을 떨면 이 동물들이 비웃을 것이다. 그들은 '저 사람 왜 저래?' 하면서 나를 멸시할 것이다'라고 느끼기 시작했다. 그는 나무 밑에 묵묵히 앉아 있었고, 개울 옆에서 잠을 잤다. 그런 가운데 서서히 마음이 고요하게 가라앉았다. ✿ 이 이야기는 참으로 아름답다. 그는 마음이 너무 고요해진 나머지 돌아가야 할 때를 까맣게 잊었다. 돌아가야 한다는 생각조차 떠오르지 않았다. 과거가 완전히 떨어져 나갔으며 이와 더불어 미래 또한 떨어져 나갔다. 미래는 과거의 투영 외에 다른 것이 아니기 때문이다. 과거가 그대로 미래에 도달한다. 스베타케투는 스승이 했던 말을 잊었다. 언제 돌아가야 하는지 잊었던 것이다. '언제'라는 시간 개념도, '어디'

라는 공간 개념도 없었다. 그는 그저 '지금 여기'에 존재했다. 그는 동물들처럼 순간 속에 살았다. 그는 소(牛)가 되어 있었던 것이다. ❧ 이 이야기에 따르면, 동물들이 천 마리가 되었을 때 그들 스스로 불편함을 느끼기 시작했다고 한다. 그들은 스베타케투가 자기들을 스승의 아쉬람(ashram)으로 데리고 돌아가기를 기다리고 있었다. 그런데 스베타케투는 그것을 까맣게 잊고 있자 어느 날, 참다못한 소들이 스베타케투에게 말했다. "이제, 시간이 되었습니다. 스승은 당신에게 동물들이 천 마리가 되었을 때 돌아오라고 말했습니다. 우리는 그것을 기억합니다. 그런데 당신은 까맣게 잊고 있군요. 우리는 돌아가야 합니다. 이제 우리는 천 마리가 되었습니다." ❧ 그래서 스베타케투가 동물들과 함께 스승에게 돌아갔다. 스승이 움막에서 보니 스베타케투가 천 마리의 동물을 끌고 돌아오고 있었다. 이 모습을 보고 스승이 다른 제자들에게 말했다. "봐라, 저기 천 한 마리의 소가 오고 있다!" 스베타케투는 완벽한 침묵의 존재가 되어 있었다. 에고도 없고 '나'라는 의식도 없었다. 그저 가축들 가운데 한 마리로 걸어오고 있었을 뿐이다. ❧ 스승이 달려 나와 그를 맞으며 덩실덩실 춤을 추었다. 그가 스베타케투를 껴안으며 말했다. "이제는 네게 말할 것이 없다. 너는 이미 알았다. 왜 왔는가? 이젠 여기 올 필요가 없다. 나는 네게 가르칠 게 없다. 너는 이미 알았다." ❧ 스베타케투가 말했다.

"제가 여기에 온 것은 스승님께 감사드리기 위해서입니다. 당신께 절을 드리려고 온 것입니다. 그 일이 일어났습니다. 당신께서는 가르칠 수 없는 것을 제게 가르쳐 주셨습니다." [4]

‘신비주의(mysticism)’라는 단어는 비밀스러운 의식(儀式)을 뜻하는 그리스어 ‘미스테리온(mysterion)’에서 유래했다. 미지의 세계와 접촉한 사람들이 무엇인가 나누어 갖기 위해 한 자리에 모인다. 이 나눔은 언어적인 것이 아니다. 그것은 언어화될 수 없다. 그들은 서로의 존재를 나누어 가진다. 그들은 서로 안에 자신의 존재를 쏟아붓는다. 그들은 함께 춤추고 노래한다. 그들은 서로의 눈을 들여다 본다. 또는 함께 조용히 앉아 있다. 이것이 붓다와 크리슈나, 예수와 더불어 행해지던 일이다. 물론, 그 방법은 달랐지만.

크리슈나를 사랑하는 사람들은 크리슈나와 함께 춤을 추었다. 이것이 미스테리온 (mysterion), 비밀스러운 의식(儀式)이었다. 겉으로만 본다면 그대는 무슨 일이 벌어지고 있는지 이해할 수 없을 것이다. 직접 참여하지 않는 한, 크리슈나와 함께 춤추지 않는 한, 그대는 무엇이 나누어지고 있는지 알 수 없을 것이다. 그것은 일상용품이 아니다. 손에서 손으로 전달되는 것이 아니다. 그대는 그런 종류의 일을 볼 수 없을 것이다. 그것은 객관적인 일이 아니다. 그것은 한 사람의 존재가 다른 사람에게로 흘러 들어가는 것이다. 스승의 현존이 제자 안으로 흘러드는 것이다.

인도에서는 이런 종류의 비밀스러운 의식을 '라스(ras)'라고 불렀다. 크리슈나의 전통에서도 이런 의식을 '라스'라고 부른다. '라스'는 스승과 함께 춤추는 것을 의미한다. 이 춤을 통해 그대의 에너지가 흐르고 스승의 에너지도 흐른다. 흐르는 에너지만이 서로 만날 수 있다. 고여 있는 연못은 만날 수 없는 것이다. 오직 흐르는 강만이 만날 수 있다. 흐름을 통해서만 만남이 가능하다.

붓다의 현존과 더불어 똑같은 일이 일어나고 있었다. 그것은 눈에 보이지 않는 춤이었다. 붓다와 그의 제자들은 고요히 앉아 있었는데 그것은 '사트상(satsang)'이라 불려졌다. 사트상은 진리와 더불어 존재하는 것을 의미한다. 붓다는 깨달은 자이며 그는 자신을 비추는 등불이다. 아직 불을 밝히지 못한 사람들, 아직 자신의 양초에 불을 붙이지 못한 사람들이 붓다의 곁에 앉는다. 깊은 사랑과 감사함, 친밀함으로 붓다의 곁에 앉는다. 그리고 침묵과 사랑을 통해 붓다와 점점 더 가까워진다. 서서히 스승과 제자 사이의 공간이 사라지고, 돌연 스승의 불꽃이 제자에게 옮겨 붙는다. 제자는 그 불꽃을 받아들일 준비가 되어 있다. 그는 순수한 '환영(welcome)' 그 자체이다. 제자는 여성(feminine)으로서 그는 완전한 수용성이며 하나의 자궁이다. 이것이 미스테리온(mysterion), 비밀스러운 의식(儀式)이다. [5]

동양에서 연꽃은 매우 깊은 의미를 갖고 있다. 동양은 "이 세상 안에 살되 세상에 물들지 말라"고 말한다. 그대는 세상 안에 살아야 한다. 그러나 그대 안에 세상이 있어서는 안 된다. 어떠한 충격이나 영향, 아무런 흔적도 입지 말고 세상을 통과해야 한다. 죽음이 임박한 순간에도 그대의 의식이 태어날 때와 마찬가지로 순수하고 오염되지 않았다면, 이때 그대는 종교적이고 영적인 삶을 사는 것이다.

연꽃은 영적인 삶의 상징이다. 연꽃은 물에 닿지 않는다. 물 속의 진흙에서 자라나되 물이 스며들지 못한다. 연꽃은 또한 변형의 상징이다. 진흙이 이 세상에서 가장 아름답고 향기로운 꽃으로 변형된다. 고탐 붓다는 연꽃을 너무나 사랑했다. 그래서 그는 자신의 낙원을 '연화경(軟化境, Lotus Paradise)'이라고 불렀다. [6]

어느 날 아침, 프라센지타(Prasenjita) 대왕이 고탐 붓다를 찾아갔다. 그는 한 손에는 아름다운 연꽃을, 다른 손에는 그 당시에 가장 값나가는 다이아몬드를 들고 있었다. 그가 고탐 붓다를 찾아간 것은 아내의 설득 때문이었다. 왕비가 말했다. "고탐 붓다가 이 세상에 계시는데, 당신은 바보 같은 사람들과 쓸데없는 일로 논의하면서 시간을 낭비하고 계시는군요." ✤ 그녀는 어릴 때부터 고탐 붓다를 찾아가곤 했었다. 그리고 결혼하여 왕비가 되었다. 프라센지타 왕은 그런 방면에 조금도 관심이 없었다. 그러나 왕비가 하도 줄기차게 설득하자 '좋다, 한번쯤 찾아가서 고탐 붓다가 어떤 사람인지 알아보는 것도 큰 손해는 아닐 것이다.' 하고 생각하기에 이르렀다. 그는 대단한 에고를 지닌 사람이었다. 그래서 고탐 붓다에게 줄 선물로 자신이 가진 보물 중에서 가장 값진 다이아몬드를 선택했다. ✤ 그는 그저 평범한 사람으로 그곳에 찾아가고 싶지 않았던 것이다. 그는 자신이 위대한 왕이라는 것을 과시하고 싶었다. 사실, 그는 모든 사람에게 고탐 붓다와 프라센지타 대왕 중에 누가 더 위대한가? 를 보여주고 싶었다. 그 다이아몬드는 서로 차지하려고 여러 번 전쟁이 벌어졌을 만큼 값진 것이었다. ✤ 그러나 왕이 다이아몬드를 선택한 것을 보고 왕비가 웃으면서 말했다. "당신은 제가 당신을 어떤 분에게 데리고 가려는지 전혀 모르고 계시는군요. 그런 돌 조각보다는 꽃 한 송이를 선물로 가져가는 게 더 나을 겁니다." 왕은 이 말을 이해할 수 없었다. 그러나 아내의 말을 무시하기도 멋쩍어서 "좋소, 그렇다면 다이아몬드와 꽃, 둘 다 가져갑시다. 둘 다 가져간다고 해서 손해볼 것은 없을 거요. 자, 가서 그가 어떤 사람인지 알아봅시다." 하고 말했다. ✤ 붓다 앞에 도착한 그가 다이아몬드를 내밀었다. 그러자 붓다가 간단하게 한마디 던졌다. "버리시오." 왕이 다이아몬드를 버렸다. 그는 내심 '아내가 옳았구나.' 하고 생각하면서 다른 손에 든 연꽃을 내밀었다. 그러나 붓다가 다시 "버리시오." 하고 말했다. ✤ 왕은 연꽃마저 버렸다. 다소 두려운 마음이 일었다. 지금 이 앞에 있는 사람은 제정신이 아닌 것 같았다. 그는 많은 사람들 앞에서 바보 취급을 당하는 것 같은 기분을 참아내며 그 자리에 서 있었다. 붓다가 세 번째로 다시 말했다. "내 말을 듣지 못하셨소? 그것을 버리시오!" 이 말을 듣고 프라센지타 왕이 생각했다. '이 사람은 정말 미쳤다. 나는 다이아몬드도 버렸고 연꽃도 버렸다. 이제 나는 아무것도 갖고 있지 않다. 그런데 또 버리라고?' 그때 고탐 붓다의 제자인 사리푸트라(Sariputta)가 웃음을 터뜨렸다. 이 웃음소리를 듣고 프라센지타 왕이 돌아보며 "왜 웃는 것이오?" 하고 말했다. ✤ 이어 사리푸트라가 말했다. "당신은 붓다의 말씀을 이해하지 못했습니다. 그 분의 말씀은 다이아몬드를 버리라는 것도, 연꽃을 버리라는 것도 아닙니다. 그 분은 당신 자신, 당신의 에고를 버리라고 말씀하신 것입니다. 다이아몬드와 연꽃은 얼마든지 갖고 있어도 됩니다. 그러나 에고는 버리십시오. 다시 에고를 갖고 돌아가지 마십시오." ✤ 참으로 아름다운 시대였다. 돌연 프라센지타 왕에게 새로운 하늘이 열렸다. 그가 공손한 자세로 고탐 붓다의 발밑에 엎드려 절했다. 그는 왕으로서의 자신을 버렸다. 그리고 그는 왕궁으로 돌아가지 않았다. 그는 고탐 붓다를 따르는 거대한 방랑자 무리 중의 한 사람이 되었다. 그는 자신의 왕국을 잊었다. 세상 일에 관계된 모든 것을 잊었다. 그에게 남아 있는 것이라곤 눈앞에 있는 이 아름다운 사람뿐이었다. 그 형언할 수 없는 우아함, 자식처럼 끌어당기는 마력, 그 고요한 눈과 침묵, 이것이 프라센지타 왕에게 남아 있는 전부였던 것이다. ✤ 이것은 믿음의 문제가 아니다. 개종(改宗)이나 주장의 문제가 아니다. 이것은 지고한 사랑의 문제이다. 7

이 나라에서 명상은 결코 죽지 않았다. 때로는 땅 위로 드러나고 때로는 땅 밑으로 숨기도 하지만 그 흐름은 여전히 계속되고 있다. 명상의 강은 끊임없이 흘러왔다. 이 강은 오늘도 흐르고 있으며 내일도 변함없이 흐를 것이다. 이것이 인류에게 남은 유일한 희망이다. 명상이 죽는 날, 인간 또한 죽을 것이기 때문이다.

명상은 인간의 완성이다. 그대가 알건 모르건 명상은 그대 내면의 핵심이다. 그대의 호흡속에 숨어 있는 실체, 심장의 고동 안에 숨어 있는 실체, 그대를 이루는 실체는 명상 외에다른 것이 아니다.

이 나라가 세상에 줄 수 있는 것이 있다면, 이 나라가 세상에 공헌할 수 있는 것이 있다면, 그것은 오직 명상뿐이다. 때로는 파탄잘리의 형상으로, 때로는 마하비라의 형상으로, 때로는 붓다의 형상으로, 때로는 까비르의 형상으로, 때로는 나나크의 형상으로, 이렇듯 이름은 바뀌었지만 그 공헌은 바뀌지 않았다. 각기 다른 사람들을 통해, 각기 다른 목소리를 통해 인도는 세상에 초대장을 보내고 있다. 그 초대장이 바로 명상이다. [8]

까주라호, 차투르부자 사원

비쉬누의 손

마하가섭은 소수의 사람들에게만 알려져 있다. 그는 저작을 남기지 않았고 설법도 하지 않았기 때문이다. 어느 날 아침, 붓다가 손에 연꽃을 들고 대중 앞으로 나왔다. 그는 고요하게 앉아서 아무 말도 하지 않았다. 손에 든 꽃을 응시할 뿐이었다. 그 자리에 모인 만 명의 구도자들은 어리둥절했다. 이것은 들어본 적도 없는 일이었다. 첫째로, 전에는 아무것도 들고 나온 적이 없는 붓다가 그 날은 연꽃을 손에 들고 나왔다. 둘째로, 전에는 자리에 앉자마자 설법을 펴던 붓다가 그 날은 몇 시간이 지나도록 아무 말도 않고 손에 든 연꽃만을 응시하고 있었다. 많은 사람들은 붓다가 미쳤다고 생각했다. 오직 한 사람만 이에 동의하지 않았다. 마침내 이 사람이 웃음을 터뜨렸다. 그가 바로 마하가섭이었다. 붓다가 눈을 치켜 뜨고는 함께 웃었다. 붓다가 마하가섭을 앞으로 불러 꽃을 건네주었다. 그리고 이렇게 말하면서 그 날의 설법이 끝났음을 알렸다.

"나는 그대들이 받을 수 있는 것은 모두 주었다. 그리고 마하가섭이 받을 수 있는 것은 마하가섭에게 준다. 오랫동안 나는 언어로 말해 왔지만 그대들은 이해하지 못했다. 오늘 나는 침묵으로 말했다. 그리고 마하가섭은 웃음을 통해 이해를 보여주었다."

이렇게 신비한 방식으로 계승자(繼承者)가 발견되었다. 마하가섭은 붓다의 계승자가 되었다. 이상한 방식으로…….

마하가섭의 제자들은 마하가섭에 대해 몇 권의 책을 썼다. 이것을 마하가섭의 책으로 부를 수도 있으나 실제로 마하가섭은 그 책들을 쓰지 않았다. 제자들 역시 그 책에 서명을 남기지 않았다. 그 책들은 작자 미상으로 남아 있다. 하지만 기록으로 남은 그 내용은 엄청난 아름다움을 간직하고 있다. 보름달의 파편들처럼 단지 몇 개의 단편이 남아 있을 뿐이지만, 그 파편들을 모으면 다시 보름달이 나타날 것이다. 그 단편들을 한데 모으는 비결, 그것이 바로 명상이다. 마하가섭의 뒤를 잇는 전통이 선(禪)이다. 마하가섭은 선의 첫 번째 조사(祖師)이다. [9]

둘,
깨어 있는
의식의 불꽃

명상은 하나의 상태를 말한다.
명상 안에는 그저 침묵이 있을 뿐이다.
명상은 어떤 대상에 대해 깊이 생각하는
것이 아니다. 심사숙고할 주제도 없고,
몰입할 사념의 대상도 없다.

고라크(Gorakh)는 사슬의 첫 번째 고리이다. 그로부터 전혀 새로운 유형의 종교가 탄생했다. 고라크가 없었다면 까비르(kabir), 다두(Dadu), 파리드(Farid), 미라(Meera)도 없었을 것이다. 고라크가 없었다면 이들 중의 누구도 존재하지 못했을 것이다. 고라크를 기반으로 높은 사원이 건설되었으며, 이 사원 위에 황금의 탑들이 세워졌다. 이 황금의 탑들은 먼 곳에서도 눈에 들어올 만큼 눈부시다. 그러나 아무리 이 탑이 찬란하다 해도 사원을 이룬 기초보다 중요할 수는 없다. 고라크라는 주춧돌은 눈에 보이지 않지만 사원 전체를 지탱하고 있다. 사원을 이룬 기둥과 벽, 높은 첨탑들 모두가 이 주춧돌에 기반을 두고 있는 것이다. 그러나 사람들은 높이 솟은 첨탑만을 숭배하고 주춧돌을 잊어버렸다. 고라크는 그렇게 잊혀진 인물이 되었다. ✤ 고라크는 내면의 탐구를 위해 셀 수 없을 만큼 많은 방편을 만들어 냈다. 아마 세상의 어느 누구도 그처럼 많은 방편을 개발하지 못했을 것이다. 방편에 관한 한 고라크는 세상에서 가장 위대한 발명가이다. 사람들이 어떤 방편이 옳고 어떤 방편이 그른지, 어떤 방편을 행하고 어떤 방편을 버려야 할지 혼란을 일으킬 정도였다. 또한 고라크는 참으로 드문 인물이다. 아인슈타인과 비교될 만하다고 하겠다. 아인슈타인은 우주의 실상을 탐구하는 데 있어서 탁월한 방법론을 제시했다. 그 전에는 아무도 그처럼 탁월한 방법론을 제시하지 못했다. 이제 우리는 그가 제시한 방법론을 더 개발하고 다듬을 수 있는 단계에 와 있다. 그러나 그가 주춧돌을 놓았다는 것은 아무도 부인할 수 없다. 그는 최초로 길을 개척한 사람이다. 물론, 다른 사람들이 그 뒤를 이을 것이다. 어떤 사람은 길을 개량하고 굴곡을 가다듬을 것이다. 어떤 사람은 이정표를 세울 것이고, 어떤 사람은 이 길을 포장하고 더 아름답게 꾸밀 것이다. 그러나 아무도 아인슈타인을 대신할 수는 없다. ✤ 내면의 세계에 관한 한 고라크는 아인슈타인과 같은 인물이다. 그렇다면 사람들은 왜 고라크를 기억하지 못하는 것일까? 길을 다듬은 사람들은 기억되지만 최초로 길을 개척한 사람은 잊혀졌다. 나중에 등장한 사람들은 개량하고 연마할 여유가 있으나 처음으로 등장한 사람은 연마하고 완성할 여유가 없다. ✤ 고라크는 광산에서 막 캐낸 다이아몬드와 같다. 만일 고라크와 까비르가 같이 앉아 있다면 그대는 고라크보다 까비르에게 더 끌릴 것이다. 고라크는 광산에서 방금 캐낸 투박한 원석(原石)이지만 까비르는 여러 사람의 손에 의해 잘 다듬어진 보석이기 때문이다. 인도의 산트(Sant) 문학사에 빛나는 금자탑 전체는 고라크에 기초한다. 모든 작품이 전적으로 고라크라는 한 명의 인물에게 의존하고 있다. 시간이 지남에 따라 그가 말한 모든 것에 점점 더 다양한 색채가 부가되고 광채가 더해졌다. 사람들은 오랜 세월 동안 그의 말에 따라 사드하나(sadhana)를 행하고 명상했다. 이를 통해 얼마나 많은 각자(覺者)가 탄생했는지 아는가? ✤ *죽어라, 오, 요기여, 죽어라! 죽음은 달콤하다.* ✤ 고라크는 말한다. "나는 죽음을 가르친다. 내가 깨어났을 때 겪었던 그 죽음을 나는 가르친다. 그것은 나의 죽음이 아니라 잠의 죽음이었다. 내가 아니라 에고(ego)가 죽었다. 내가 아니라 이원성(二元性)이 죽었다. 이원성이 죽고 일원성(一元性)이 태어났다. 시간이 죽고 나는 영원을 만났다. 작고 옹색한 삶이 부서지고, 물방울은 바다가 되었다." ✤ 그렇다. 물방울이 바다로 떨어질 때 이 물방울은 분명히 죽는다. 물방울로서의 그는 죽는다. 그러나 다른 의미에서 보면 물방울은 난생 처음 드넓은 삶을 얻는다. 그는 다시 바다로 살아남는다. 용해되어 죽음으로써 합일이 일어나는 것이다. 그리하여 물방울은 신성한 바다가 되어 존재하게 된다. 자취도 없이 사라짐으로써 드디어 추구하는 바가 완성된다. 그대 안에서 새로운 어떤 것이 자신을 표현하며 솟아오르는 것이다……

정수리 안에서 한 아이가 말한다. 어떻게 그것을 이름 붙일 수 있는가?

일천 장의 연꽃잎이 열리는 정수리, 그곳에서 무심(無心)이 태어난다. 모든 사념이 소멸하고 에고가 떨어져 나간다. '나는 존재한다'는 느낌조차 남아 있지 않다. 오직 침묵과 평화, 텅 빈 공(空)이 있을 뿐이다. 이것을 삼매(三昧)라고 부른다.[10]

동양은 가슴을 지향하고 서양은 마음을 지향해 왔다. 서양은 거대한 과학 체계를 이룩했지만 동양은 그럴 수 없었다. 순진 무구함을 통해 과학을 구축할 수 있겠는가? 그것은 불가능하다. 그래서 동양은 지금껏 비과학적으로 살아 왔던 것이다.

서양은 명상에 대해 아무것도 알지 못했다. 기껏해야 기도가 고작이었다. 그러나 기도는 핵심이 아니다. 마음으로는 기도가 고작이다. 그대는 형식화된 기도문을 되풀이할 수 있다. 그러나 마음이 없다면 침묵이 곧 기도가 될 것이다. 그대는 언어로 기도할 수 없을 것이다. 아무 말도 없을 것이다. 가슴으로는 오직 경건해지는 것만이 가능하다.

서양인들은 영적인 과학을 발전시키지 못했다. 그들에게는 명상을 발전시킬 능력이 없었던 것이다. 그들은 명상을 집중이나 깊은 생각으로 왜곡시켰다. 그런데 명상은 집중도 아니고 숙고(熟考)도 아니다. 집중은 심리적인 현상이다. 마음이 집중하고 생각의 과정 전체가 한 곳에 초점을 맞추면 그것은 사유(思惟)가 된다. 그것은 이미 가슴의 일이 아니다.

명상은 비심리적인 것이다. 명상은 무심의 삶이다. 명상은 세상과 무심을 연결시키는 것이다. 마음이 부재하는 순간, 그대와 존재계 사이에는 아무 장애물도 없다. 그대와 신성(神性) 사이에 아무 장벽도 없다. 가슴은 경계선을 긋지 않기 때문이다. 가슴은 아무것도 한정짓지 않는다.

하지만 마음은 사물을 한정지음으로써 장벽과 경계선, 구획선을 긋는다. 그러나 가슴과 함께 있을 때 존재계에는 경계선이 없다. 그러므로 그대는 모든 곳에 존재한다. 이 우주 전체와 하나이다. 그리하여 스승과 제자의 관계는 가슴을 통한 이해인 것이다. [11]

동양이 가진 비밀의 열쇠는 아주 많지만 하나의 열쇠로도 충분하다. 하나의 열쇠가 수많은 자물쇠를 열 수 있기 때문이다. 스승과 제자의 관계가 바로 그런 열쇠이다. [12]

사라하(Saraha)의 본래 이름은 라훌(Rahul)이다. 이 '라훌'이라는 이름은 그의 아버지가 지은 것이다. 그렇다면 그는 어떻게 사라하가 되었을까? 여기에는 아름다운 일화가 있다. 그가 스리 키르띠(Sri Kirti)를 찾아갔을 때 키르띠가 처음으로 한 말은 이런 것이었다. "베다(Veda)를 잊어라. 지금까지 네가 배운 모든 것, 그 쓰레기들을 잊어라!" 이것은 어려운 일이었지만 라훌은 모든 것을 내걸 각오가 되어 있었다. 스리 키르띠의 현존을 통해 무엇인가가 라훌을 강하게 끌어당겼다. 스리 키르띠는 강력한 자석 같았다. 라훌은 그때까지 배운 모든 것을 잊고 다시 무지한 상태로 돌아가기 시작했다. 몇 년이 지나면서 서서히 그는 자신이 알고 있는 모든 것을 지워 버렸다. 이제 그는 훌륭한 명상가가 되었다. 예전에는 훌륭한 학자로 이름을 떨쳤지만 이제는 위대한 명상가로서의 명성이 널리 퍼져 나가기 시작했다. 신선한 나뭇잎처럼 아름다운 이 청년, 이른 아침 풀잎에 맺힌 이슬방울처럼 맑은 이 청년을 한 번이라도 보기 위해 사람들이 먼 곳에서 몰려오기 시작했다. ❧ 어느 날, 사라하가 명상을 하다가 문득 비전(Vision)을 보았다. 그의 진짜 스승으로 정해져 있는 한 여자가 시장 바닥에 앉아 있는 광경이었다. 스리 키르띠는 사라하를 길 위에 올려 놓았을 뿐 진짜 가르침은 이 여자를 통하기로 되어 있었다. 이것을 이해해야 한다. 세상에서 남성 우월주의적인 전통이 없는 것은 탄트라밖에 없다. 실제로, 탄트라의 세계로 깊이 들어가면 그대는 지혜로운 여자의 협조가 필요해진다. 이 지혜로운 여성이 없으면 그대는 오묘한 탄트라의 세계로 깊이 들어갈 수 없다. ❧ 사라하는 시장에 한 여자가 앉아 있는 비전을 보았다. 그러므로 탄트라에서 중요한 것은 첫 번째로 여자이고, 두 번째는 시장이다. 탄트라는 이 사바 세계, 이 삶의 한가운데에 피어난다. 탄트라는 삶을 부정하지 않는다. 오히려 철저하게 삶을 긍정한다. 사라하가 일어서자 스리 키르띠가 물었다. "어디로 가려는가?" 사라하가 대답했다. "당신은 제게 길을 보여주었습니다. 당신은 제가 배운 모든 것을 거두어 들임으로써 저의 내면을 깨끗하게 청소하셨습니다.

당신은 일의 절반을 완수했습니다. 이제 저는 나머지 반을 완수해야 합니다." 스리 키르띠가 웃음을 터뜨리며 사라하를 축복해 주었다. 사라하가 시장으로 들어갔을 때 그는 그곳에서 놀라운 광경을 목격했다. 비전을 통해 보았던 여자가 실제로 시장에 앉아 있었던 것이다. 그녀는 활을 만들고 있었는데 그녀는 활을 만드는 장인(匠人)이었다. ✤ 여기에서 탄트라에 관해 세 번째로 기억해야 할 것이 있다. 문명화된 사람일수록 탄트라적인 변형을 일으킬 가능성이 줄어든다는 것이다. 문명화되지 않고 원시적인 사람일수록 더 생동감이 있다. 문명화될수록 플라스틱처럼 더 인공적인 사람이 된다. 그대는 지나치게 인위적이고 계발된 상태가 되어서 이 지상에 내린 뿌리를 잃어 버린다. 그대는 진흙탕 같은 이 세상, 이 사바 세계를 두려워하게 된다. 그대는 세상과 떨어져 살기 시작한다. 마치 세상의 일부가 아닌 것처럼 그대 자신을 강요하기 시작한다. 그러나 탄트라는 진정한 인간을 발견하려면 진흙 속의 뿌리로 파고들어야 한다고 말한다. ✤ 활을 만드는 여자는 아주 낮은 계급에 속했다. 그러므로 학식 있고 유명한 브라민(brahmin)인 사라하, 왕족인 사라하가 활 만드는 비천한 여자를 찾아갔다는 것은 매우 상징적인 일이다. 학식 있는 사람은 원초적인 생명력으로 약동하는 사람을 찾아가야 한다. 플라스틱처럼 인공적인 사람은 가공되지 않은 진짜 인간을 찾아가야 한다. 사라하가 본 그 여자는 아주 젊고 활력과 생기가 넘쳤다. 그녀가 시장에 앉아 활대를 자르고 있었는데, 그녀는 아무도 쳐다보지 않고 오로지 활을 만드는 일에 몰두하고 있었다. 사라하는 그녀를 보는 순간, 무엇인가 범상치 않은 기운을 느꼈다. 그 전에는 한 번도 느끼지 못한 그 무엇인가가 느껴졌다. 이 여자에 비하면 스승인 스리 키르띠마저도 빛을 잃을 정도였다. 무엇인가 아주 새로운 것, 저 깊은 곳에서 우러나는 어떤 것……. 사라하는 그녀를 주의깊게 관찰했다. 활이 준비되자 그녀가 한 쪽 눈을 감고 표적을 겨누는 시늉을 했다. 그녀는 눈에 보이지 않는 표적을 겨누고 있었다. 사라하가 더 가까이 다가섰으나 실제로 표적은 없었다. 그녀는 다만 활을 겨누는 시늉을 할 뿐이었다. 그 표적은 실재하는 것이 아니었다. 이를 보고 사라하는 퍼뜩 어떤 영감을 받았다. 그녀의 동작은 매우 상징적이었다. 그러나 사라하는 여전히 그 의미를 명확하게 파악할 수 없었다. 그는 무엇인가 거기에 있다는 것을 느꼈지만 그것이 무엇인지 명확하게 이해할 수 없었다. 그래서 그가 여자에게 다가가 전문적으로 활을 만드는 장인이냐고 묻자 이 질문을 받은 그녀는 웃음을 터뜨렸다. 아주 호탕하고 거침없는 웃음소리였다. 그녀가 말했다. "이 어리석은 브라민이여! 그대는 베다를 버리고 이제는 붓다의 법구경(法句經)을 숭배하고 있다. 그것이 무슨 소용인가? 그대는 책과 철학을 바꾸었을 뿐이다. 그대는 여전히 어리석은 사람이다." ❦ 이 말을 듣고 사라하가 크게 놀랐다. 아무도 그에게 이런 식으로 말한 사람이 없었다. 교양 없는 여자만이 이런 식으로 말할 수 있었던 것이다. 그녀의 웃음소리는 투박하고 거칠었지만 무엇인가 아주 생동감 있는 원천이 배어 있었다. 사라하는 불가항력으로 그녀에게 끌려 들어가는 것을 느꼈다. 그녀가 강력한 자석이라면 그는 작은 쇳조각에 불과했다. 그녀가 말했다. "그대는 자신을 불교도로 생각하는가?" 사라하는 불교 승려들의 옷인 황색 가사를 입고 있었을 것이다. 그녀가 다시 웃음을 터뜨리며 말했다. "붓다가 가르친 뜻은 단어나 책이 아니라 행동을 통해서만 알 수 있는 것이다. 그만하면 충분하지 않은가? 그대는 아직 그런 것들에 질리지도 않았는가? 더 이상의 헛된 탐구로 시간을 낭비하지 말고 나를 따라오라!" 이때 무엇인가가 일어났다. 영적 교류 같은 무엇인가가 일어났다. 이런 느낌은 난생 처음이었다. 잠시 후 그녀의 행동에 깃든 영적인 의미가 분명하게 보이기 시작했다. 그는 그녀가 오른쪽도 아니고 왼쪽도 아닌 정 중앙을 주시하고 있다는 것을 알았다. 난생 처음으로 그는 '극단을 피하고 정 중앙에 존재하라'는 붓다의 말이 무슨 뜻인지 이해했다. 처음에 그는 철학자였으며 그 다음에는 철학을 반대하는 사람이 되어 있었다. 하나의 극단에서 다른 극단으로 옮겨간 것이다. 처음에 그는 어떤 하나를 숭배하다가 그 다음에는 정반대 되는 것을 숭배하고 있었다. 어쨌든 숭배가 계속되고 있었던 것이다. 그대는 왼쪽에서 오른쪽으로 이동할 수도 있고, 오른쪽에서 왼쪽으로 이동할 수도 있다. 그러나 이것은 아무 도움이 안 된다. 그대는 오른쪽과 왼쪽을 계속 왕래하는 시계추와 같을 뿐이다. ✿ 중앙에 존재하는 것이 정도(正道)라는 말은 스리 키르띠를 통해서도 수없이 들은 바 있었다. 사라하는 이에 대해 책을 읽고, 곰곰이 생각하고, 깊이 숙고한 바 있었다. 이 문제에 대해 다른 사람들과 열띤 토론을 벌인 적도 있었다. 그러나 이렇듯 행동을 통해서 본 것은 처음이었다. 활을 만드는 여자는 오른쪽도 왼쪽도 보고 있지 않았다. 그녀는 중앙을 주시하고 있었다. 정 중앙에 초점을 맞추고 있었다……. 그녀는 그 일에 완전히 몰입한 나머지 자신을 지켜보는 사라하에게 눈길조차 돌리지 않았다. 그녀는 완전히 몰입해 있었다. 자신의 행동 안에 전체적으로 참여하고 있었던 것이다. ✿ 즉 이것이 불교의 가르침이다. 전체적으로 행동하는 것은 곧 행동으로부터 자유로워지는 것과 같다. 그 여자는 자신의 행동에 완전히 몰입해 있었다. 이것이 그녀가 눈부시도록 아름다워 보인 이유이다. 그녀는 평범한 여자였지만 이 세상에 속하지 않는 것 같은 아름다움을 발산하고 있었다. 이 아름다움은 전체적인 몰입에서 온 것이다. 이 아름다움은 그녀가 극단이 아닌 중앙에 균형을 이루고 있었기 때문에 발산된 것이다. 균형으로부터 우아함이 나온다. 사라하는 육체적으로 아름다울 뿐만 아니라 영적으로도 아름다운 여자와 처음으로 만났다. 당연히 그는 굴복할 수밖에 없었다. 이 굴복은 자연스럽게 일어난 것이다. 전체적인 몰입, 그녀는 무슨 일을 하든 철저하게 몰입하고 있었다. 사라하는 이것이 명상이라는 것을 난생 처음으로 이해했다. 기간을 정해 놓고 앉아서 만트라(mantra)를 읊조리는 것이 명상이 아니며 교회나 절, 사원에 가는 것이 명상이 아니다. 명상은 이 삶 속에 존재하는 것이다. 사소한 일 하나도 전체적으로 하는 것이 명상이다. 이렇게 하면, 모든 행동에 심오함이 배어 나온다. 그는 생애 최초로 드디어 명상이 무엇인지 이해했다. 그는 여자의 행동을 보고 진리를 이해했다. 이것을 간파한 여자가 그를 '사라하' 라고 불렀다. 본래 그의 이름은 '라훌(Rahul)' 이었지만 여자는 그를 '사라하' 라 불렀다. '사라하(Saraha)' 는 아름다운 낱말이다. 이 말은 '화살을 쏜 자' 를 의미한다. 'sara' 는 화살이라는 뜻이고, 'ha(n)' 는 쏘았다는 뜻이다. 그래서 사라하는 '화살을 쏜 사람' 이라는 뜻이 된다. 사라하가 여자의 행동에 깃든 의미, 그 상징적인 몸짓을 이해하는 순간 여자는 매우 기뻐했다. 여자가 보여주고자 했던 것, 그녀가 주려고 했던 것을 사라하가 이해하는 순간, 여자는 크게 기뻐했다. 그녀는 덩실덩실 춤을 추면서 그를 '사라하' 라 불렀다. 그녀가 말했다. "오늘부터 당신은 사라하로 불려질 것입니다. 당신은 화살을 쏘았습니다. 내 행동의 의미를 이해함으로써 당신은 과녁을 맞추었습니다." 이렇게 해서 라훌은 사라하가 되었다. 전설에 의하면 그녀는 붓다의 화신(化身)이었다고 한다. 경전에 나오는 이 붓다의 이름은 '수크나타(Sukhnatha)' 인데 큰 잠재성을 갖춘 사라하를 도우려고 붓다가 내려온 것이라 한다. '수크나타' 라는 이름의 붓다는 여자의 형상을 취했다. 왜 여자의 형상을 취했을까? 여자를 통해 인간이 태어나듯이, 제자의 새로운 탄생 또한 여자를 통해 이루어진다고 탄트라는 믿고 있기 때문이다. ✤ 실제로 모든 스승은 아버지보다 어머니에 가깝다. 그들은 여성적인 특성을 지니고 있다. 그리하여 붓다는 여성적이다. 마하비라도 그렇고 크리슈나도 그렇다. 이들을 통해 그대는 여성적인 우아함과 여성적인 유연함을 볼 수 있다. 그들에게는 여성적인 아름다움이 있다. 그들의 눈을 깊이 들여다 보면, 그대는 남성적인 공격성을 조금도 발견하지 못할 것이다. 그러므로 이 붓다가 여자의 형상을 취했다는 것은 매우 상징적인 일이다. 붓다들은 항상 여성적이다. 설령 그들이 남성의 몸 속에 살아 간다 할지라도 그들은 여성적이다. 세상에 존재하는 모든 것은 여성적인 에너지를 통해 태어난다. 남성적인 에너지는 촉매로써 작용할 뿐 산모의 역할을 하지 못한다. 스승은 자궁 속에 그대를 잉태한다. 몇 달, 몇 년, 또는 여러 생 동안 잉태할 때도 있다. 그대가 언제 태어날지는 아무도 모른다. 스승은 어머니가 되어야 한다. 스승은 엄청난 여성적 에너지를 이용할 줄 알아야 한다. 그래야 그대에게 사랑을 쏟아부을 수 있다. 이때 비로소 스승이 그대를 파괴할 수 있게 된다. 그의 사랑을 확신하지 못한다면 그대는 스승이 그대를 파괴하도록 허용하지 않을 것이다. 어떻게 스승을 믿을 것인가? 스승의 사랑만이 그대에게 믿음을 준다. 그리고 이 믿음을 통하여 스승은 그대의 사지(四肢)를 하나, 둘 제거한다. 그리고 어느 날 문득, 그대는 사라질 것이다. 서서히, 서서히, 그대는 사라진다. *아제, 아제 바라 아제……* 가고, 가고, 가다가 완전히 가버린다. 이때 새로운 것이 태어나는 것이다. 13

동양에서 우리는 궁극적인 진리를 '사치다난드(sat-chit-anand)'로 정의한다. '사트'는 진리, '치트'는 의식, '아난드'는 지복을 뜻한다. 이것이 동일한 실체의 세 얼굴이다. 이것이 진정한 삼위일체이다. 하나님 아버지, 그의 아들인 예수 그리스도, 성령은 진정한 삼위일체가 아니다. 진짜 삼위일체는 진리, 의식, 지복이다. 이들은 분리되어 있지 않다. 하나의 에너지가 세 가지 방식으로 표현되는 것에 불과하다. 하나의 에너지가 세 가지 면을 갖고 있으므로 동양에서 우리는 "신은 트리무르티(trimurti)이다"라고 말한다. 신이 세 얼굴을 갖는다는 뜻이다. 영적이고 형이상학적인 이 세 얼굴이 진짜인 것이다. 이 얼굴들은 성인(成人)들을 위한 얼굴이다. 브라흐마(Brahma), 비쉬누(Vishnu), 마헤쉬(Mahesh)는 진짜 얼굴이 아니다. 이것은 어린 아이들을 위한 표현일 뿐이다. 이런 이름은 초심자를 위해 만들어진 것이다.

진리, 의식, 지복, 이 세 가지가 궁극적인 진리다. 첫 번째로 진리가 다가온다. 내면으로 들어갈 때 그대는 자신의 영원한 실체를 자각한다. 이것이 사트(sat), 즉 진리이다. 자신의 실체, 자신의 사트, 그 진리 안으로 더 깊이 들어가면 그대는 의식을 자각한다. 엄청난 의식의 바다와 마주친다. 무의식의 그림자조차 없다. 여기에서 더 깊이 들어가면 아난드, 지복이 있다. 이 지복이 궁극적인 핵심이다.

붓다는 말한다. "지금까지 그대가 의미있고 중요하게 생각해 왔던 모든 것을 버려라. 궁극적인 것을 위해 모든 것을 희생하라. 이 궁극적인 것만이 그대에게 만족을 줄 것이다. 이것만이 그대를 완성시킬 것이다. 오로지 이것만이 그대의 존재에 봄을 가져올 것이다……. 그리고 그대는 수천 송이 꽃잎이 되어 피어날 것이다"라고. [14]

인도에는 '드얀(dhyan)'이라는 단어가 있다. '드얀'은 집중을 의미하지 않는다. 이것은 깊은 사색도 아니고 성찰도 아니다. 드얀은 무심의 상태를 의미한다. 그 외의 모든 것은 '마음의 활동'이다. 집중하건, 사색하건, 성찰하건 그대는 외적인 대상을 지향한다. 집중하고, 성찰하고, 숙고하는 대상이 있다. 그 과정은 다를지 모르지만 분명한 경계선이 있다는 점은 같다. 이 모든 것이 마음속의 일이다. 마음은 아무 염려 없이 이런 일들을 할 수 있다. 그러나 드얀은 마음을 넘어선다……

'드얀'이라는 말에는 '어떤 것에 대한'이라는 의미가 없다. 이 말은 모든 대상을 넘어서는 것을 의미한다. 그저 존재할 뿐이다. 드얀은 일련의 과정이 아니라 존재의 상태이다. 주관과 객관 사이에는 이원성이 없다. 연꽃잎에서 미끄러져 바다로 들어가는 이슬방울처럼……

명상은 하나의 상태이다. 그저 침묵이 있을 뿐이다. 집중할 생각도 없고, 심사숙고 할 주제도 없다. 골똘히 생각할 대상이 없는 것이다. 마음은 장벽이다. 아무리 집중하고 깊이 생각한다 해도 그대는 마음에서 벗어나지 못할 것이다. 동양, 그 가운데에서도 특히 인도에서 이 단어가 처음으로 만들어졌다. 기존의 언어로 표현할 수 없는 경험을 했을 때, 이때 새로운 단어는 생성된다.

수천 년 동안 인도는 단 한 가지 일에 모든 노력을 기울여 왔다. 그것이 바로 드얀이다. 이 '드얀'이라는 단어를 사용하고 싶다면 '무엇에 대해'라고 묻지 말라. '드얀'이라는 단어 자체에는 이원성이 발붙일 곳이 없다. 드얀은 그저 침묵을 의미한다. 전적인 침묵, 완전한 정적이 드얀이다. [15]

이런 이야기가 생각난다. 옛날에 한 나무꾼이 있었다. 그는 날마다 나무를 베러 숲으로 들어갔다. 그러나 간혹 그는 주린 배를 채울 수 없었다. 때로는 비가 오고, 때로는 너무 덥고, 때로는 너무 추워서 일을 할 수 없었기 때문이다. 그 숲 속에는 신비주의자 한 명이 살았다. 그는 나무꾼이 나이를 먹고, 병들고, 굶주리면서도 날마다 열심히 일하는 것을 지켜보고 있었다. 어느 날, 그 신비주의자가 나무꾼에게 말했다. ❧ "좀더 깊은 숲 속으로 들어가 보는 것이 어떤가?" 나무꾼이 말했다. ❧ "더 깊이 들어가서 뭣하게요? 나무를 더 많이 베려고요? 하지만 나무를 끌고 나오는 일은 어떻게 합니까? 더 먼 길이 될 텐데……." 신비주의자가 말했다. "그런 일은 없을 것이다. 조금만 더 깊이 들어가면 구리 광산을 발견할 것이다. 한 번 들어가서 구리를 캐고 내다 팔면 7일 동안은 먹고 살기에 충분할 것이다. 날마다 나무를 벨 필요가 없다." ❧ 이 말을 들은 나무꾼은 숲으로 더 깊이 들어가 구리 광산을 발견했다. 그는 아주 기뻤다. 그가 돌아와 신비주의자에게 엎드려 절하며 고마움을 표했다. 그러자 신비주의자가 말했다. "지금은 그렇게 좋아할 단계가 아니다. 그대는 숲 속으로 더 깊이 들어가야 한다." ❧ 나무꾼이 말했다. "그럴 필요가 있을까요? 이제 저는 7일 동안 지내기에 충분한 식량을 확보했습니다. 숲 속으로 더 깊이 들어가면 저는 구리 광산을 잃을 것입니다." 신비주의자가 말했다. ❧ "분명히 그대는 구리 광산을 잃을 것이다. 그러나 더 깊이 들어가면 그곳에는 은광(銀鑛)이 있다. 한 번 들어가서 은을 갖고 나오면 세 달을 먹고 살기에 충분할 것이다." 이 말을 듣고 나무꾼이 생각했다. '구리 광산이 있다는 이 신비주의자의 말은 사실이었다. 어쩌면 은광이 있다는 말도 사실일지 모른다.'
그래서 그는 더 깊은 숲 속으로 들어갔고 은광을 발견했다. 그가 덩실덩실 춤을 추며 나와서 말했다. ❧ "이 은혜를 어떻게 갚아야 할지 모르겠습니다. 그저 고맙고 또 고마울 따름입니다." 신비주의자가 말했다. ❧ "들뜬 기분에 만족하지 말고 조금 더 깊이 들어가 보아라." 나무꾼이 말했다. "안 됩니다! 더 깊이 들어가면 은광을 잃을 텐데요." 신비주의자가 말했다. "그러나 조금만 더 들어가면 금광(金鑛)이 있을 것이다." ❧ 나무꾼이 망설였다. 그는 매우 가난한 사람이었지만 이제는 은광을 갖고 있다. 이것은 꿈도 꾸지 못한 일이었다. 신비주의자가 그렇게 말한다면 누가 아는가? 이번에도 그가 옳을지……. 그래서 그는 더 깊은 숲 속으로 들어갔고 금광을 발견했다. 이제 한 번 금을 캐오면 1년을 먹고 살기에 충분했다. 신비주의자가 말했다. "이번에 세상에 나가면 그대는 1년 뒤에나 올 것이다. 그것은 긴 시간이다. 나는 늙어 가고 있으니 어쩌면 1년 뒤에는 이곳에 없을지도 모른다. 저 세상으로 가 버릴지도 모른다. 그래서 지금 미리 말해 두는데, 금광에서 멈추지 말라. 조금만 더 들어가 보라." 나무꾼이 말했다. ❧ "이유가 무엇입니까? 그럴 필요가 있을까요? 당신은 제게 어떤 것을 보여주시고는 제가 그것을 손에 넣는 즉시, 그것을 버리고 더 나아가라고 말씀하십니다. 하지만 이번에는 금광을 발견했단 말입니다!" 신비주의자가 말했다. "하지만 조금만 더 깊이 들어가면 다이아몬드 광산이 있을 것이다." ❧ 그 날로 바로 숲 속에 들어간 나무꾼이 다이아몬드 광산을 발견했다. 그가 많은 다이아몬드를 갖고 나와서 말했다. "이 다이아몬드는 평생을 살기에 충분한 양입니다." 신비주의자가 말했다. ❧ "이제 다시는 그대를 만날 수 없을지도 모르니 마지막 말을 하겠다. 그대는 평생을 지내기에 충분한 재물을 가졌으니 이제는 내면으로 들어가라! 숲, 구리 광산, 은광, 금광, 다이아몬드 광산 따위는 잊어라! 이제 그대에게 최후의 비밀을 전해 주겠다. 최고의 보물은 그대 안에 있다. 이제 그대의 외적인 필요는 충족되었으니 나처럼 이곳에 와서 앉아라." 나무꾼이 말했다. ❧ "그 동안 저는 몹시 궁금했습니다. 당신은 숲 속에 값진 보물이 있다는 것을 뻔히 알면서 왜 이곳에 앉아 계십니까? 그 보물에 대해서는 당신밖에 모르지 않습니까? 보물이 지천으로 널려 있는데 왜 이 나무 아래 그냥 앉아 계시는 겁니까?" 신비주의자가 말했다. "다이아몬드 광산을 발견한 다음에 나의 스승은 '이제 이 나무 밑에 앉아서 내면으로 들어가라' 하고 말씀하셨다." 나무꾼이 다이아몬드를 모두 버리고 말했다. ✤ "이번에 집으로 돌아가면 다시는 당신을 만날 수 없을지도 모릅니다. 저는 집으로 돌아가지 않겠습니다. 여기 당신 곁에 앉아 있겠습니다. 부디 제게 내면으로 들어가는 법을 가르쳐 주십시오. 저는 나무꾼이기 때문에 숲 속으로 들어가는 법은 알고 있지만 내면으로 들어가는 법은 모릅니다." 신비주의자가 말했다. "내면으로 들어가면 그대의 보물을 모두 잃을 텐데? 내면으로 들어간 사람에게 그런 것들은 아무 가치도 없기 때문이지." 나무꾼이 말했다. ✤ "그 점에 대해서는 염려하지 마십시오. 지금까지 당신의 말은 절대적으로 옳았습니다. 저는 이번에도 당신이 옳을 거라고 굳게 믿습니다." 기본적으로 스승의 역할은 그대를 설득하는 것이다. 그대를 설득해서 서서히 생물학적 차원에서 심리학적 차원으로, 마음에서 가슴으로, 그리고 가슴에서 존재로 옮겨가도록 하는 것이 스승의 일이다. [16]

까마득한 옛날부터 사람들은 스승을 찾아 모여들었다. 그저 조용하게 앉아 있기 위함이었다. 동양에서 우리는 이것을 '다르샨(darshan)'이라고 부른다. 서양은 이 다르샨의 의미를 알지 못했다. 스승을 보러간다는 것이 어리석게 보였을지도 모른다.

"집 안에 사진을 모셔 두면 되지 않는가? 그리고 그를 보러간다 해도 한 번 갔다 오면 그것으로 끝이다. 왜 날마다 가는가? 그것은 어리석은 짓이다."

서양은 이 '봄(見)'이 무슨 뜻인지 모른다. 이 '봄(見)'이 다르샨의 구체적인 의미이다. '봄'이란 자기 자신을 확연히 안 사람의 에너지장(場) 안에 동참한다는 뜻이다. 그의 우물에서 물을 퍼마시고 그의 눈을 들여다 보는 것, 그의 손길을 느끼는 것, 그의 말과 침묵에 귀기울이는 것, 이것이 다르샨의 의미이다. 17

사리풋타(Sariputta)는 고탐 붓다의 수제자 중 한 명으로, 고탐 붓다의 생전에 깨달은 몇 안 되는 제자들 가운데 한 사람이다. 기록에 의하면, 그는 처음에 논쟁을 하려고 고탐 붓다를 찾아갔다 한다. 그는 유명한 선생이었으며 많은 사람들이 그를 깨달은 스승으로 생각했는데, 그는 5천 명에 달하는 제자를 거느리고 붓다를 찾아갔다. 붓다가 반갑게 그를 맞이하면서 자신의 제자와 사리풋타의 제자 양쪽 모두에게 말했다. "여기 훌륭한 선생이 오셨다. 나는 언젠가 그가 스승이 될 것이라고 기대한다." 이 말을 듣고 모든 이가 무슨 뜻인지 의아해 했다. 어리둥절하기는 사리풋타 본인도 마찬가지였다. 그가 물었다. "그 말이 무슨 뜻입니까?" 그러자 고탐 붓다가 대답했다. "그대는 토론의 달인이며, 영향력 있는 지성인이다. ✤ 그대는 탁월한 선생의 재능을 갖추고 있으며, 5천 명의 지성적인 사람들을 제자로 거느리고 있다. 하지만 그대는 아직 깨달은 스승이 아니다. 만일 그대가 스승이었다면, 그대가 나를 찾아온 것이 아니라 내가 그대를 찾아갔을 것이다. 그대는 훌륭한 철학자이지만 사실은 아무것도 모른다. ✤ 나는 그대의 지성을 믿는다. 그대가 거짓말을 하지 않을 것이라고 나는 믿는다. 여기 이 사람들 앞에서 그대는 사상가일 뿐 아무것도 경험한 바 없다는 것을 실토하라. 만일 그대가 실제적인 경험을 했다고 말한다면, 나는 얼마든지 토론할 준비가 되어 있다. 그러나 거짓말은 아무 도움도 안 된다는 것을 명심하라. 거짓말을 하는 즉시, 그대는 곤경에 처할 것이다. 실제적인 경험은 경전을 통해 알 수 없는 수많은 면이 있기 때문이다. 그러니 처음부터 이 점을 분명하게 밝혀 놓는 것이 좋을 것이다. 그대가 진리를 경험했다고 말한다면, 나는 얼마든지 그대와 토론할 준비가 되어 있다. 그러나 그대가 진리를 경험하지 못했다고 말한다면, 나는 그대를 제자로 받아들일 용의가 있다. 그리고 나는 그대 또한 스승으로 만들 것이다. 나는 분명하게 약속한다. 그대는 거짓을 말하고 나와 토론하든지, 아니면 진실을 말하고 나의 제자가 되든지 둘 중의 하나를 선택할 수 있다. 어느 날엔가 그대가 깨달은 스승이 되어 나와 토론하기를 원한다면 나는 기꺼이 응할 것이다." 잠시 동안 정적이 감돌았다. 그러나 사리풋타는 아주 진실한 사람이었다. 그가 말했다. ✤ "붓다의 말이 옳다. 나는 이런 문제에 대해 한 번도 생각해 본 적이 없다. 누군가 경험에 관한 문제를 제기하리라곤 생각하지 못했었다. 나는 이 나라 전역을 돌면서 소위 선생이라고 불리는 사람들을 무수하게 패배시키고 그들을 나의 제자로 만들었다." 이것이 그 당시 인도의 전통이었다. 논쟁을 해서 지는 사람이 제자가 되는 것이다. 사리풋타가 계속 말했다. "나의 제자들 중 상당수가 한때 선생으로 이름을 날리던 사람들이다. 하지만 경험에 관해 물은 사람은 아무도 없다. 나는 아무런 경험도 없다. 따라서 지금 토론을 벌이는 것은 부질없는 짓이다. 나는 그저 고탐 붓다의 발 밑에 엎드려 절을 할 뿐이다. 나는 경험을 얻어서 내 스스로 스승이 되는 날을 기다리겠다." 사리풋타는 붓다와 3년을 지낸 후 깨달음을 얻었다. 확실히 그는 아주 가능성이 많은 사람이었다. 그는 이미 깨달음의 문턱까지 당도한 상태였다. 그가 깨달음을 얻은 날, 붓다가 그를 불러서 말했다. ✤ "아직도 나와 토론하고 싶은가?" 사리풋타가 엎드려 절하며 말했다. "그당시, 제가 절한 것은 제게 경험이 없었기 때문입니다. 그러나 이번에 올리는 절은 이제 제가 경험을 얻었기 때문입니다. 이제 토론의 문제는 없습니다. 그당시에는 토론 자체가 불가능했습니다. 그리고 지금 역시 토론은 불가능합니다. 토론할 것이 없기 때문입니다. 이제는 당신도 알고 저도 압니다. 이 앎은 똑같습니다. 그리고 저는 당신의 제자입니다. 훗날 제가 다른 사람들의 스승이 된다 해도 당신께는 영원히 제자로 남을 것입니다. 당신께서는 저의 인생을 완전히 바꾸어 놓으셨습니다. 당신이 없었다면 저는 부질없는 토론으로 제 자신과 다른 사람들의 시간을 낭비하며 생을 마감했을 것입니다." [18]

인도에서 우리는 인생을 네 아쉬라마스(ashramas), 즉 네 단계로 나눈다. 이것은 과학적인 실험에 의한 것으로, 아마 인류의 역사를 통틀어 독창적인 구분일 것이다. 인간이 백 년을 산다고 가정한다면 25년씩 네 단계로 구분된다. 첫 번째 25년은 '브라흐마차리야쉬라마(brahmacharyashrama)'로 불린다. 이 시기에 인간의 목적은 에너지를 창조하고 축적하는 것이다. 그래서 '그리하스타(grihastha)', 즉 가장(家長)이 되었을 때 삶의 온갖 기쁨을 깊이 경험할 준비를 한다.

인도의 현자(賢者)들은 아주 대범하고 용기있는 사람들이었다. 그들은 도피주의자가 아니었다. 최초의 25년은 충분한 에너지를 모으는 시기였다. 두 번째 시기가 왔을 때 이 세속적인 삶의 모든 것을 철저하게, 최대한도로 살 수 있는 에너지를 모으는 것이 첫 번째 시기의 목적이었다. 어떤 것을 철저하게 경험했을 때 비로소 그것에 대한 욕망으로부터 벗어날 수 있다. 고대의 현자들은 이러한 진리를 알았다. 부정적인 것에서 벗어나기를 원할 때에도 그것을 철저하게 살아야 한다. 어떤 것이 부분적으로만 알려지면 마음은 나머지 부분을 알고 싶은 욕망을 버리지 못한다. 설령 그것이 단순한 호기심일지라도 이 호기심을 버리기 힘들다.

물라 나스루딘이 침대에 누워 임종을 맞고 있었다. 마지막 의식을 거행하러 달려온 성직자가 물었다. "당신이 지은 모든 죄를 회개하겠습니까?" 물라가 눈을 뜨고 말했다. "회개라고? 나는 지금도 후회막급이오! 하지만 당신이 요구하는 회개와 내가 말하는 후회 사이에는 미묘한 차이가 있소. 나는 생전에 저지르지 못했던 죄들에 대해 후회하고 있소. 만일 그 죄들을 지었다면 무엇을 얻었을까 하는 미련이 떠나지 않소! 내가 한 모든 행동은 내게 아무것도 주지 못했소. 그러나 내가 생전에 금지당했던 죄악들을 행했다 해도 아무것도 얻지 못했을까요? 당신은 그렇게 확신할 수 있소?"

물라 나스루딘이 백 살을 맞아 기념식을 하고 있었다. 기자가 물었다. "다시 한 번 태어나도 당신은 똑같은 실수를 저지를까요?" 나스루딘이 말했다. "물론 나는 그 실수들을 다시 저지를 것이오. 게다가 이번 생애에 범하지 않은 다른 실수들도 저지를 것이오. 이것이 유일하게 다른 점이 될 것이오. 이번 생에서 나는 너무 늦게 실수를 저지르기 시작했소. 그러나 다시 태어난다면 나는 더 일찍 실수를 범하기 시작할 것이오." 다른 기자가 물었다. "장수의 비결이 무엇입니까?" 나스루딘이 말했다.
"나는 열 살이 될 때까지 술도 안 마시고, 담배도 안 피우고, 여자 몸에 손도 대지 않았소. 그 외에 다른 장수의 비결은 없소. 그러나 만일 다시 태어난다면 나는 이런 실수들을 더 일찍 범할 것이오."

인간은 자신이 체험하지 못한 것에 대해 미련을 갖는다. 그대는 이미 경험한 것을 열망하지 않는다. 미처 즐기지 못한 일들에 대한 욕망이 그대를 따라다닌다. 인도의 현자(賢者)들은 지성적이고 매우 지혜로웠다. 스물 다섯 살이 될 때까지는 에너지를 모으라고 말한다. 삶의 온갖 쾌락 속으로 들어갔을 때 쓸 수 있도록 미리 에너지를 저축하라. 완전히 충전된 그대는 뜨거운 욕망의 밑바닥까지 잠수해 들어갈 수 있다. 에너지로 충전되었을 때에만 세상이 보여주는 모든 것을 볼 수 있다. 그러면 자신의 삶을 돌이켜 볼 때가 와도 아무 후회가 없을 것이다. 조금의 미련도 없을 것이다. 이것이 '브라흐마차리야쉬라마(brahmacharyashrama)'의 의미이다. 이것은 성자가 되기 위해 금욕해야 한다는 뜻이 아니다. 현자들은 삶이 주는 모든 쾌락을 철저하게 경험해야 한다고 말한다. 그래야 그 허망함을 분명히 깨달을 것이기 때문이다. 그때서야 비로소 진정한 성스러움이 탄생한다. 25년 동안 '브라흐마차리야쉬라마'를 거친 후에야 '그리하스타쉬라마(grihasthashrama)', 세속적인 삶으로 들어갈 수 있다. 그 동안 사람들은 열띤 욕망의 세계와 격리된 채 25년 동안 조심스럽게 보호되었다. 그런 다음에 욕망의 세계로 들어가 아주 즐거운 25년을 보냈다. 이런 체계를 고안한 사람들은 아주 지성적인 사람들이었다. 그들은 첫 단계에서 에너지를 모으고 저축해야 한다는 것을 알고 있었다.

오늘날, 세상은 과거 어느 때보다도 성(性)이 개방되어 쉽게 접할 수 있다. 그러나 동서양을 막론하고 진정 성적으로 만족하는 사람은 매우 드물다. 성적으로 만족하는 사람은 여전히 극소수에 불과하다. 그 이유는 성을 위한 에너지와 힘이 축적되기도 전에 분산시켜 버렸기 때문이다. 열매가 무르익기도 전에 나무 뿌리의 양분이 고갈되어 버리는 격이다. 열매가 익을 형편이 못된다. 익지 않은 열매는 나무에서 떨어지지 않는다. 그러나 무르익은 열매는 저절로 떨어진다. 나무도 그 열매들이 언제 떨어질지 알지 못한다. 열매가 무르익기 위해서는 필수적으로 양분이 있어야 한다. 마찬가지로 삶의 경험이 성숙하기 위해서는 많은 에너지가 필요하다.

이런 이유로 해서, 최초의 25년 동안은 에너지를 창조하고 저축하는 데 중점을 두고 모든 것을 안배한다. 인간은 누구나 거대한 에너지의 저장고가 될 수 있다. 이 저장고는 축적된 힘으로 진동한다. 이때 우리는 완전히 충전된 에너지를 갖고 세상과 접할 수 있게 된다. 이것을 명심하라. 에너지가 많은 사람일수록 욕망에서 더 빨리 벗어난다. 에너지가 약할수록 더 오랜 시간이 걸린다. 에너지가 빈약한 사람은 자신의 욕망을 전체적으로 경험할 수 없기 때문이다. 따라서 그는 그 욕망으로부터 자유로워질 수 없다. 낱낱이 알려지고 전체적으로 경험되지 않은 것은 떨어져 나가지 않는다. 어떤 것으로부터 자유로워지기 위해서는 전체적인 경험이 필수적이다. 인간의 삶에 대한 이 세심한 구분을 다시 받아들이는 세상이 와야 한다. 그렇지 않는 한 욕망으로부터 벗어나는 것은 불가능하다.

첫 번째 기간 동안에는 공부를 하고, 두 번째 시기에서는 삶을 경험하고 나면 인간은 쉰 살 가량 된다. 이때가 되면 그의 자식들이 공부를 마칠 시기이다. 그의 자식들이 스물 다섯 살 정도 될 것이다. 그런데 이 자식들이 결혼을 하고 세상을 즐기기 시작할 때까지도 아버지가 여전히 아이를 낳고 있다면 참으로 한심하게 보일 것이다. 자식들이 성에 몰두할 때까지도 아버지가 여전히 성을 탐닉하고 있다면 이 아버지가 존경을 받을 수 있겠는가? 자식들이 그를 믿고 존경하겠는가?

자식들이 결혼을 하고 가정을 꾸밀 때쯤 부모는 '바나프라스타쉬라마(vanaprasthashrama)', 세 번째 단계로 접어들어 간다. 이것이 고대의 전통이었다. 이제 부모들에게는 모든 게임이 끝났다. 자식들이 탐닉의 단계를 맞을 즈음 부모는 자연스럽게 초월(renunciation)의 단계로 접어들어야 한다. 그렇지 않으면 자식과 부모 사이에 무슨 차이가 있겠는가? 쉰 살이 되었을 때 부모는 '바나프라스타(vanaprastha)'가 되어야 한다. 이것은 '숲을 향해 서 있는 사람'이라는 뜻이다. 그는 아직 실제로 숲에 들어가지 못했다. 자식들 때문이다. 공부를 마치고 집에 돌아온 자식들은 아버지의 지도가 필요하다. 아버지가 그 동안 살아오면서 얻은 경험을 그들에게 주어야 한다. 이것이 아버지의 책임이다. 만일, 이 시기에 아버지가 숲으로 은거한다면 세대 간에 이루어지는 지혜의 전달이 불가능하다. 이 시기에 자식들은 선생님의 집에서 공부를 마치고 막 돌아온다. 그들은 경전을 배우고, 가르침을 받았으며, 삶에 대한 열정과 에너지로 가득 차서 돌아왔다. 그들은 혈기왕성한 에너지를 갖고 막 돌아왔다. 이제는 25년 동안 가정을 꾸리고 살아 오면서 많은 것을 배운 아버지의 가르침과 안내가 필요하다. 아버지와 어머니는 숲을 향해 시선을 두고 있으면서도 가정에 머물러야 한다. 그들은 자신이 아는 모든 것이 전달될 수 있도록 25년 동안 더 자식들을 지도할 것이다. 부모가 이른 다섯 살이 되면 자식의 자식들, 즉 손자들이 선생의 집에서 공부를 마치고 돌아올 것이다. 이제 할아버지와 할머니가 더 이상 남아 있을 필요는 없다. 이미 쉰 살이 된 그의 자식들이 책임을 떠맡을 것이기 때문이다. 그의 자식들도 이제는 경험 많은 성인이다. 이들이 자신의 경험을 자식들에게 전수할 것이다. 이제 증조(曾祖) 세대는 구도의 길에 입문할 때가 되었다. 숲으로 들어가 영적인 탐구에 전념할 때가 되었다. 이런 식으로 아름다운 순환이 이루어진다. [19]

노년기(老年期)에는 고유의 품위가 있다. 진정으로 성숙한 사람의 노년에는 고유의 아름다움이 있다. 이것은 젊은 사람에게서 찾아볼 수 없는 아름다움이다. 젊은이에게는 활동적인 정열이 있지만 고요한 평정이 없다. 달빛처럼 서늘한 침착함이 없는 것이다. 젊은 시절에는 성급한 충동이 있다. 성급한 충동은 항상 추하다. 거기엔 아름다움이 없다. 아름다움은 도도하게 흐르는 강물과 같다. 젊은이는 에너지가 넘치기 때문에 그 에너지를 빨리 사용하려는 조급함이 있다.

청춘은 정신적으로 안정될 수 없다. 우리는 젊은 사람들이 건강하다고 말한다. 그러나 이 건강은 육체적인 것이다. 정신적으로 보면 청춘은 아주 불안정한 상태다. 그런 의미에서 보면, 늙은 사람들만이 정신적으로 평화로울 수 있다. 그러나 이것은 그들이 진정으로 성숙했을 때에 한해서이다. 진정으로 성숙한다는 것은 활발한 욕망이 변덕을 부리면서 그대를 괴롭히지 않는다는 뜻이다. 이런 욕망이 살아 있으면 몸이 늙어도 마음은 아직 미숙한 젊은이다. 이런 노인들은 추해 보인다. 그들의 몸은 늙었지만 마음은 아직 불안과 성급함으로 들끓고 있기 때문이다.

흥미있는 게 있다. 어린아이와 젊은이는 아름다워 보이지만 노인은 그렇게 아름다워 보이지 않는다. 아름답게 보이는 노인을 찾기란 매우 힘들다. 라빈드라드 타골(Rabindranath Tagore)은 이렇게 말한다. "다양한 삶의 경험을 통하여 이른 노년의 무르익은 아름다움. 그런 아름다움을 얻은 사람의 흰 머리칼은 히말라야 봉우리의 만년설과 같다. 그 봉우리는 고요하고 평화로우며 거의 하늘에 닿을 것처럼 솟아 있다. 구름조차 몸을 엎드려 존경을 표한다. 우리는 이런 노인들을 구루(guru), 스승, 또는 선생님이라고 부른다." [20]

행복과 불행 모두를 끝까지 체험하고 그 이원성을 충분히 맛보았을 때 지복을 향한 여행이 시작된다. 무엇인가 영원한 것, 불멸의 어떤 것을 추구하기 시작한다. 이것이 동양에서 산야스(sannyas)가 생긴 유래이다. 동양은 서양보다 훨씬 오랜 역사를 지니고 있다. 서양은 아직 어리다. 그래서 아직 행복과 불행이라는 게임에 관심을 갖는 것이다. 이런 면에 관한 한 동양은 아주 오래 되었다. 동양은 모든 게임과 그 허망함을 알고 있다. 산야스야말로 동양의 의식이 인류에 끼친 가장 큰 공헌이다. [21]

셋,
의식의 황금빛
소용돌이

동양은 비밀의 열쇠를 수없이 많이 갖고 있다.
그러나 하나의 열쇠만으로도 충분하다.
하나의 열쇠가 많은 자물쇠를 열 수 있다.

인도는 황제보다 구도자(bhikshu)를 더 소중하게 여기는 유일한 나라이다. 이런 현상은 인도를 제외한 어디에서도 찾아볼 수 없다. 이 세상에서는 아무도 황제보다 높게 여겨지지 않는다. 그런데 인도만이 황제보다 구도자를 고귀하게 여긴다.

황제가 감각적 쾌락의 정점에 서 있다면 구도자는 포기(renunciation)의 정점에 서 있다. 황제는 모든 것을 긁어 모은다. 그는 미친 듯이 긁어 모은다. 그러나 구도자는 자기 자신을 제외한 아무것도 간직하지 않는다. 황제는 세속적인 것을 수집하지만 구도자는 오직 자신의 영혼에만 관심을 갖는다. 황제는 세속적인 일에 몰두하지만 구도자는 세속적인 것들을 버리고 자신의 내면으로 들어간다. 황제는 세속적인 것을 추구하지만 구도자는 내면의 여행길에 오른다.

그렇다면 구도자란 어떤 사람인가? 구도자란 진실로 주인이 된 사람이다. 그러나 이 주인 의식은 오로지 자기 자신에 관한 것이다. 이것은 다른 사람과는 아무 상관도 없다. 하지만 타인을 노예로 만들려고 하는 사람은 자신의 삶을 낭비하는 것이다. 에너지가 낭비된다. 그 에너지는 아무것도 성취하지 못할 것이다. 그는 아무 곳에도 도달하지 못할 것이다. 그저 자기 자신을 탕진하고 고갈시킬 뿐이다. 그는 자기 자신을 파괴할 뿐이다.

마하비라의 길은 변증법적으로 정반대이다. 이 길을 갈 때 그대는 외부 세계에서 주인이 되려는 생각을 포기해야 한다. 그렇게 하면 내면의 세계, 하늘처럼 드넓은 내면의 왕국이 펼쳐진다. 그대가 이 왕국의 주인이 되는 것이다. 그대는 이 왕국의 주인임을 선포하게 된다. [22]

까주라호, 파르쉬바나트 사원

아쇼카(Ashoka) 황제가 생각난다. 아마 그는 역사상 가장 강한 황제들 중의 한 사람일 것이다. 그는 알렉산더보다 훨씬 더 손쉽게 세계적인 정복자가 될 수 있었다. 그는 더 많은 군대와 더 발전된 기술을 갖고 있었고 재력도 훨씬 더 풍부했다. 그는 전세계를 정복해 가는 중이었다. 그러나 첫 번째 승리로 충분했다. 그는 지금의 오릿사(Orissa) 주를 정복했다. 그 당시에 오릿사는 칼링가(Kalinga)로 불려지고 있었는데 그는 칼링가를 정복한 것이다. 그 와중에 수많은 사람들이 죽고 학살당했다. 칼링가의 사람들이 죽을 각오로 저항했기 때문이다. 그들은 조금도 정복당하려 하지 않았다. 참으로 힘겨운 상황이었다. 최후의 한 사람도 남지 않을 때까지 싸움이 계속될 것 같았다. 수백 만 명의 시체를 넘어선 뒤에야 승리의 깃발을 꽂을 수 있을 것 같았다. 이렇게 싸움이 절반쯤 진행되었을 때 아쇼카는 몸서리를 쳤다. ❧ 수백 만 명이 학살되고 있었기 때문이다. 이들은 도무지 항복할 사람들이 아니었다. 그들은 자유와 죽음 중 하나만을 선택했다. 그 외에는 다른 선택이 없었다. 그들은 어떤 종류의 노예화도 거부할 것이 분명했다. 산처럼 쌓인 시체를 앞에 놓고 이것을 깨달았을 때 아쇼카는 생각했다. ❧ '이것이 가치 있는 일인가? 이것이 무슨 소용이란 말인가? 이 용감한 사람들을 죽이고 시체의 나라를 정복한들 무슨 소용이 있는가? 나는 이렇게 많은 생명을 죽인 데 대해 평생 동안 후회할 것이다. 이들은 보통 사람이 아니다. 엄청난 용기를 지닌 사람들이다. 그들은 오직 자유와 죽음, 둘 중의 하나밖에 모른다. 그들은 이렇게 말한다. "우리는 자유롭게 살거나 아니면 자유를 지키며 죽을 것이다. 우리는 절대로 노예가 되지 않을 것이다. 당신은 강력한 군대를 지닌 제왕이다. 그러나 우리에게도 최소한 죽을 힘 정도는 있다. 당신은 그 힘마저 빼앗아갈 수 없다." ❧ 그 나라는 가난했다. 어떤 면으로도 아쇼카의 거대한 제국에 비교할 바가 못되었다. 그 당시에 아쇼카의 제국은 어느 때보다도 거대한 인도를 형성하고 있었다. 지금은 독립국이 된 아프가니스탄, 파키스탄, 스리랑카, 미얀마, 네팔, 부탄 등이 그의 제국에 속해 있었다. 거기에다 시킴(Sikkim), 라닥(Ladakh)······. 아쇼카의 시대에 인도는 가장 거대한 영토를 확보하고 있었다. 그런데 이 칼링가라는 나라는 작고도 아주 가난한 독립국이었다. 그들에게는 군대도 없었고 기술 문명도 없었다. 가진 것이라곤 오로지 용기뿐이었다. 그들은 오직 두 가지 길밖에 몰랐다. ✤ "우리는 자유롭게 살거나 아니면 자유롭게 죽을 것이다. 우리는 이밖에 다른 선택을 모른다." 아쇼카는 심각한 도전에 부딪쳤다. 그는 이 사람들이 군대를 갖지 않고도 인간적인 용기와 존엄성, 긍지만으로 오랫동안 자유롭게 살아 왔다는 것을 깨달았다. 거대한 제국의 황제인 아쇼카에게 이것은 커다란 도전이었다. 이미 그는 칼링가 사람들의 절반을 죽인 상태였다. 그런데 돌연 그의 의식에 변화가 일어났다. 그는 이것이 어리석은 짓임을 깨달았다. ✤ '나는 긍지를 지닌 이 아름다운 사람들을 죽이고 있다. 물론, 나는 이들을 손쉽게 죽일 수 있다. 나는 더 막강한 군대와 더 많은 무기를 갖고 있다. 나는 더 좋은 말과 무기를 갖고 있다. 그러나 나는 이들보다 더 나은 사람들을 갖고 있지 않다. 나의 백성들은 그저 대가를 바라고 싸우는 노예들에 불과하다. 그런데 이 사람들은 자유를 사랑한다는 이유 하나만으로 군대와 말도 없이 싸운다. 이 사람들을 죽이는 것은 추한 짓이다. 이것은 아름다운 사람들을 파괴하는 짓이다.' 아쇼카는 본국으로 군대를 돌렸다. 그의 휘하에 있는 장군들이 말했다. ✤ "무슨 일입니까? 우리는 승승장구하고 있습니다." 아쇼카가 말했다. "이것은 승리가 아니라 단순한 살인극에 불과하다. 그리고 나는 살인자가 아니다. 그들을 산 채로 정복할 수 없다면 나는 정복자가 되고 싶지 않다. 나는 훗날의 역사가들에게 '시체의 정복자'로 불리고 싶지 않다. 이 싸움은 그만두자." ✤ 아쇼카는 모든 것이 끔찍한 악몽처럼 느껴졌다. 왕궁에 도착했을 때 그의 마음속에서 알 수 없는 극적인 변화가 일었다. 그는 왕국을 포기했다.

'이 왕국이 무슨 소용인가? 이만하면 충분하다! 이제 나는 어떠한 정복이나 침략도 원치 않는다. 나는 제국을 원치 않는다!' ✤ 그 후 아쇼카는 고탐 붓다의 제자로 귀의했다. 고탐 붓다는 이미 2백 년 전에 죽었지만 아직 그의 제자들은 살아 있었다. 붓다의 깨달은 제자들이 여전히 활동하고 있었다. 아마 그들은 붓다보다 서너 세대 뒤의 사람들이었을 것이다. 그러나 그들은 붓다와 똑같은 향기, 똑같은 권위, 똑같은 마술적인 힘을 가지고 있었다. ✿ 아쇼카는 세상을 등지고 붓다의 제자가 되었다. 그리고 자신이 통치하던 제국의 수도에서 거지처럼 살아 가기 시작했다. 날마다 음식을 구걸하면서……. 23

분열되지 않은 내면의 존재를 탐구함에 있어서, 동양은 '내적인 의식'이라는 것이 정확하게 어떤 것인지 알아내려고 노력해 왔다. 동양의 신비주의자와 성인들, 현자들은 이 내적인 의식에 대해 언급하면서 육체를 환상이라고 말했다. 우리에게는 육체가 실체이며, 의식은 단순히 말에 불과한 것처럼 보이지만 동양의 모든 깨달은 자(覺者)는 이 '의식'이 실체라고 거듭 강조했다. 그래서 동양은 육체를 실체로 받아들이기에 앞서 이 의식이 무엇인지 규명하려고 노력해 왔다. 하지만 자연적인 경향에 따르면 우리는 육체 쪽으로 먼저 마음이 기울 것이다. 왜냐하면 육체는 이미 여기에 있기 때문이다. 육체는 실재하는 것처럼 보이는 반면, 의식은 그대가 추구하고 내면의 여행을 계속해야만 하기 때문이다. 고탐 붓다와 마하비라 같은 사람들을 보고 동양은 이들이 진실하다는 것을 부정할 수 없었다. 그들은 투명할 정도로 진실했다. 그들의 존재는 거역할 수 없을 만큼 인상적이었다. 그들의 말에는 엄청난 권위가 깃들어 있었으므로 그것을 부정하는 것은 불가능했다. 그들 앞에서는 어떠한 논쟁도 소용없었다. 이 사람들은 그들 고유의 논거, 그들 고유의 타당성을 갖고 있었기 때문이다.

그들은 아주 평화롭고 즐거워 보였다. 아주 편안하게 여유로워져 있었으며 아무 두려움도 없었다. 그들은 인간이 바라는 모든 것을 소유했다. 하지만 다른 한편으로는 아무것도 소유한 것이 없었다. 그들은 내면의 근원, 그 소중한 보물을 발견했다. 충분한 탐구의 시간을 갖지 않고 무작정 그들을 거부해서는 안 된다. 그들을 부정하는 것은 불가능하다. 우리에게는 이토록 향기로운 사람들이 있었다. 그들의 장미꽃은 볼 수 없지만 그들에게서는 진한 향기가 배어 나오고 있었다. 이 향기를 맡은 동양은 내면을 들여다보려고 노력했다. 동양은 영혼이 훨씬 더 실재이고, 육체는 겉으로 보이는 현상에 불과하다는 것을 깨달았다. 현대 과학 또한 물질이 환상이라는 결론에 도달했다는 것을 생각해 보자. 물질은 존재하지 않는다. 다만 존재하는 것처럼 보일 뿐이다. [24]

동양에는 전통적으로 전해 내려오는 것이 있다. 이것은 가장 오랜 전통 중의 하나인데 서양인들은 이 전통을 이해하지 못한다. 인도, 이란, 아라비아 등지의 사람들은 스승을 보기 위해 수천 리 길을 여행한다. 그저 스승을 보려는 목적이다. 그들은 단 하나의 질문도 던지지 않을 것이다. 다만 스승을 보려는 것이다. 이것은 아주 험난한 여행이다. 때로는 스승을 힐끗 보기 위해 수천 리를 걸어서 오는 경우도 있다.

서양인들은 이러한 여행이 무슨 의미가 있는지 이해하지 못한다. 물어 볼 것도 없다면 왜 그렇게 먼 길을 가는가? 무엇 때문에? 서양인들은 대화하는 법은 알지만 함께 존재하는 법을 모른다. 그들은 질문하는 법을 알지만 들여 마시는 법을 잊었다. 그들은 지적인 접근 방식을 알지만 가슴의 문에 대해서는 아무것도 모른다. 그들은 언어를 넘어서 교류하는 법이 있다는 것을 모른다. 언어를 초월하여 동참하는 길이 있다는 것도 그들은 모른다. 그래서 서양인들은 동양인들이 수천 리나 되는 험난한 여행, 때로는 위험할 수도 있는 먼 길을 떠나는 이유를 항상 궁금해 했다. 동양인들은 그렇게 먼 길을 떠나와 스승의 발 밑에 엎드려 절을 하고 축복을 구한다. 이것이 전부다. 그 다음에 그들은 행복하고 만족한 마음으로 또 다시 떠난다.

수천 년 전부터 동양은 전혀 다른 종류의 교류에 대해 알고 있었다. 그것은 영적인 교류이다. 한 사람이 스승을 찾아가 엎드려 절한다. 그는 스승의 눈을 들여다 본다. 그는 스승의 주변에 있는 공기를 들이 마신다. 그저 향기를 맡는 것이다. 그리고 그는 만족한다. 그는 불가능한 일이 일어나는 것을 보기 위해 왔다. 그는 붓다와 모하메드의 시대에 그런 일이 있었다는 소리를 들었다. 그는 압둘 아지즈(Abdul Aziz) 같은 위대한 스승에 대해 들었으며, 여러 가지 일화를 전해 들었다. 이제 그는 지금도 그런 일이 일어나고 있는지 알기를 원한다. 아직도 붓다와 모하메드 같은 인물이 살아 있는지 그는 알고 싶어한다. 이런 인물들을 통해 경전이 되살아난다. 모든 스승은 새 생명을 불어넣는다. 스승 하나하나가 영원한 진리의 증인이다. 그러므로 그들은 그 진리가 실현될 수 있다는 산 증거이기도 하다.

동양인들은 구도의 여행을 떠난다. 그들은 자신의 눈으로 직접 보기 위해 먼 길을 떠난다. 이제는 붓다 같은 인물을 보는 것이 어렵기 때문이다. 2천 5백 년이 지나면서 붓다는 과거가 되었다. 붓다는 역사의 일부가 되었다. 기껏해야 그에 대한 기록을 읽을 수 있을 뿐이다. 이제는 크리슈나를 볼 수 없다. 그는 신화가 되었다. 그래서 동양인들은 크리슈나, 붓다, 모하메드, 그리스도 같은 사람들을 직접 보고 싶어한다. 사람들은 이런 인물들의 눈을 들여다 보고 싶어한다. 그렇게 함으로써 사람들은 다시 자신감을 얻는다. 그 일이 아직도 일어나고 있다는 것을 다시 믿을 수 있게 된다. 그들은 신이 아직도 이 세상을 버리지 않았다는 믿음을 다시 회복하게 된다. 그들은 그 일이 단순히 옛날 이야기가 아니라 지금도 벌어지는 현실의 일부라는 것을 확신할 수 있게 되는 것이다. [25]

전에는 한 번도 해본 적이 없는 일을 해보고 싶은 절박한 욕구가 있다. 이것은 자신의 내면을 탐구하고 싶은 욕구이다. 그대는 세상의 모든 것을 추구해 왔지만 아무 데에도 이르지 못했다. 세상의 모든 길이 계속해서 맴을 돌 뿐이다. 이 길들은 어디에도 도달하지 못한다. 어떤 목적지도 없다.

이렇게 긴 여정을 전망하고 그려볼 때 갑자기 그대는 연애, 싸움, 분노, 탐욕, 질투 등의 모든 일에 환멸을 느낀다. 난생 처음으로 그대는 이렇게 생각하기 시작한다. '이제 나는 새로운 차원을 발견해야 한다. 어느 누구도 쫓아다니지 않고 내면의 집으로 돌아올 수 있는 새로운 차원을 찾아야 한다. 이 많은 생을 거치면서 나는 너무 멀리 벗어났다.'

이것이 동양적인 지혜의 기반이다. 이것은 삶과 죽음의 끝없는 악순환에 권태를 느끼는 데서 출발한다. 그리하여 '삼사라(samsara)'라는 말의 본래 의미가 여기에 있다. 이 단어는 중단 없이 계속 회전하는 수레바퀴를 뜻한다. 이 수레바퀴로부터 점프하여 벗어날 수 있다. 그런데 지금 그대는 이 바퀴에 매여 있는 것이다.

이것이 그대에게 자각을 가져다 주는 기본적인 방편이다. 지금까지 그대는 어리석은 순환을 되풀이해 왔다. 그만하면 충분하다.

이제 그런 어리석음을 그만두라. 지금까지 그대가 회피해 왔던 일, 항상 내일로 연기해 온 그 일을 하라. 26

데쉬녹, 까르니 마마 사원

붓다의 시대에 암라팔리(Amrapali)라고 하는 뛰어난 미모의 기녀(妓女)가 있었다. 그녀의 집 앞에는 고관대작과 부호들이 줄을 지어 서 있었다. 그녀의 집 안으로 들어가도록 허락받는 것조차 어려웠던 것이다. 그녀는 가수이고 음악가였으며 무용수였다. ✤ 동양에서 말하는 기녀는 서양의 창녀와 개념이 다르다. 서양의 창녀는 성적인 대상을 의미한다. 창녀에게 간다는 것은 그녀를 일상용품 같은 하나의 물건으로 샀다는 것을 의미한다. 그녀를 산 남자는 성적인 쾌락의 대가를 지불한다. 그러나 동양의 기녀는 섹스의 대상이 아니다. 실제로 기녀에게 잠자리를 같이하자고 설득하는 것은 쉬운 일이 아니다. 특히 과거에는 더욱 그랬다. ✤ 각국의 왕과 왕자들, 부호들은 암라팔리를 유혹해서 왕비나 아내로 맞으려고 열을 올리고 있었다. 그러나 그녀는 고탐 붓다를 사랑하게 되었다. 암라팔리는 바이샬리(Vaishali)에 살고 있었는데 붓다가 그 도시로 오는 중이었다. 그 지방의 유지들 모두가 붓다를 영접하러 나갔다. 왕과 총리 대신이 그 자리에 있었다. 암라팔리 또한 황금 마차를 타고 그 자리에 나갔다. 붓다를 보는 순간……. 그녀는 멋있는 남자들을 많이 보았지만 이런 남자는 본 적이 없었다. 붓다는 너무나 고요하고 평화로웠다. 너무나 편안해 보였다. 그의 걸음걸이는……, 시내로 들어오는 그의 걸음걸이는 너무나 우아해 보였다. 붓다는 어디를 가든 걸어다녔다. 형용할 수 없는 기품이 배어 나오고 있었다. 암라팔리가 붓다의 발 아래 엎드려 말했다. ✤ "부디 저를 제자로 받아들여 주십시오. 저를 거두어 주십시오." 총리 대신, 왕, 왕자들, 소위 거물이라고 불리는 사람들은 자신의 눈을 의심했다. 붓다가 암라팔리에게 말했다. ✤ "암라팔리, 다시 한 번 생각해 보아라. 그대는 아직 젊고 아름답다. 수많은 사람들이 그대를 차지하려고 안달이다. 그들은 그대가 원하는 것이면 무엇이든지 줄 준비가 되어 있다. 그런데 그대는 그들에게 눈길 한 번 주지 않고 나의 제자가 되겠다고? 나는 가난한 사람이다. 거지와 진배없다. 내 제자가 된다는 것은 곧 걸인이 되는 것을 의미한다. 다시 한 번 생각해 보아라. 내 제자가 되면 아주 어려운 생활을 해야 할 것이다. 우리는 하루에 한 끼만 먹고 언제나 걸어서 다닌다. 내 발을 보고 다시 한 번 생각해 보아라." 전하는 바에 의하면, 붓다조차 그녀에게 계(戒)를 주는 것에 미안함을 느꼈다고 한다. 그녀는 극도로 사치스러운 생활을 하고 있었으며 꽃처럼 아름다웠다. 그러나 암라팔리는 이렇게 말했다. ❧ "그렇습니다. 많은 사람들이 저를 차지하려고 안달인 것을 저도 압니다. 그러나 제가 기다린 것은 당신 같은 분입니다. 저는 그들이 제게 주려고 하는 것들을 원치 않습니다. 그들이 이 세상 전체를 준다 해도 저는 그것을 원치 않습니다. 저는 당신을 따라 흙길을 맨발로 걷고 싶습니다. 하루에 한 끼만 먹어도 저는 말할 수 없이 행복할 것입니다. 저는 거지가 될 각오가 되어 있습니다. 당신의 그림자 아래 엎드리는 것만으로도 더 바랄 것이 없습니다." ❧ 암라팔리는 종교에 관심이 없는 여자였다. 그저 삶의 본능에 따라 살아온 여자였다. 붓다는 그녀에게 산야스(sannyas)를 주었지만 아무런 지침도 주지 않았다. 붓다가 그때까지 산야스를 준 수천 명의 사람들에게 비교하면 이것은 극히 예외적인 경우였다. 붓다는 그녀에게 아무런 지표와 원칙도 주지 않았다. 붓다가 그녀에게 말했다. ❧ "그대는 그 길을 계속 가라. 너는 올바른 길을 가고 있다. 만일 올바른 길을 가고 있지 않았다면 너는 나를 선택하지 않았을 것이다. 나는 아무것도 가진 게 없다. 그런데 너는 세상의 모든 것을 저쪽에 남겨 두고 나를 선택했다. 이것은 지금까지 네가 올바른 길을 걸어왔음을 증명하고도 남는다. 이제 내게 어떠한 지침도 바라지 말라. 그 지침은 오히려 그대를 잘못된 길로 이끌 것이다. 그저 내면의 가장 깊은 곳에 있는 존재의 길을 따라 가라. 그 길을 계속 가라."

암라팔리는 바로 그 날 깨달음을 얻었다. [27]

붓다는 그의 산야신(sannyassin)들을 '빅슈(bhikshu)-팔리어로는 빅꾸(bhikkhu)-'라고 불렀다. 그는 우리를 놀리고 있었다. 이것은 아이러니컬한 일이다. 그는 농담으로 그렇게 말했지만 이 농담에는 아주 깊고 진지한 의미가 숨어 있다.

붓다가 동냥 그릇을 들고 마을로 들어가자 그 마을에서 가장 잘 사는 사람이 물었다. "당신처럼 아름다운 사람이 왜 동냥을 하십니까?" 그 당시에 붓다는 참으로 아름다운 모습을 지니고 있었다. 그처럼 멋있는 사람을 찾아보기 힘들 정도였다. 부자가 말했다. "당신은 황제가 되고도 남을 기품을 지니신 분인데 왜 동냥 그릇을 들고 방랑하십니까? 저는 당신이 어떤 사람인지, 계급이 무엇인지, 종교와 가문이 어떻게 되든지 상관없습니다. 부디 제 딸과 결혼해 주십시오. 그러면 제가 가진 모든 재산이 당신 차지가 될 것입니다. 저는 자식이 딸 하나밖에 없기 때문에 그 애가 유일한 상속자입니다."

붓다가 말했다. "나는 내가 걸인이고 그대가 황제이기를 바란다. 그러나 내가 보기에는 그대들 모두가 자신을 주인으로 생각하는 거지이다. 나는 손에 동냥 그릇을 들고 있다. 이런 상황에서 나를 주인으로 부르는 것은 옳지 않게 보인다. 그대들은 자신을 주인이라고 말하지만 우리 모두는 우리 자신을 거지로 부르는 것이 즐겁다! 거지들이 자신을 주인으로 생각하는 세상에서는 주인들이 자신을 거지로 내보이는 것이 제격인 것 같다."

이것은 참으로 보기 드문 현상이었다. 스스로 거지가 될 만큼 용기 있고 위대한 황제는 극소수이다. 이런 면에서 인도는 그러한 행동을 할 수 있는 유일한 나라이다. 인도에서는 붓다와 마하비라 같은 사람들도 구걸을 하며 방랑했다. 그러나 이것은 내면의 주인 의식을 암시한다. 이것은 우리 모두에 대한 훌륭한 농담이다. 참으로 그럴듯한 풍자이다.

내면에 동냥 그릇밖에 가진 것이 없는 사람들이 '나는 주인이다'라는 환상에 빠져 살아 간다. 그리고 마음속에 욕망과 야망이 사라진 사람들은 동냥 그릇을 들고 방랑의 길을 떠난다. 이 얼마나 극적인 드라마인가! 참으로 아이러니컬한 일이다. 그러나 우리는 붓다 같은 사람들의 아니러니(irony)를 이해할 능력이 없다. 이것이 문제다. [28]

수천 년 전부터 인도는 내적인 여행의 상징이었다. 인도는 단순히 정치적인 단위가 아니다. 인도는 영적인 흐름이다. 예로부터 사람들은 자기 자신을 발견하기 위해 전 세계에서 인도로 몰려왔다. 인도의 분위기, 인도의 진동 자체가 영적인 면에 도움을 주는 무엇인가를 갖고 있기 때문이다.

나는 전 세계를 여행하면서 각 나라의 차이점을 보았다. 동양에서는 수천 년 전부터 선각자들이 영혼의 탐구에 부단한 노력을 기울였다. 그리고 이것이 특정한 분위기를 형성했다. 동양에서 명상하면 나무, 땅, 공기 등 주변의 모든 것이 도움을 주는 것처럼 느껴진다. 그러나 미국에서 명상한다면 그대는 홀로 명상해야 한다. 어디로부터도 도움의 손길이 오지 않기 때문이다. [29]

라자스탄, 라낙뿌르의 차우무카 사원

마하비라가 생각난다. 그는 자이나교에서 가장 중요한 인물이다. 그가 고샬라크(Goshalak)라고 하는 측근 제자를 데리고 이 마을 저 마을로 떠돌아다니고 있었다. 그들은 하나의 문제에 대해 토론을 벌이고 있었다. 마하비라는 이렇게 말했다. "존재계에 대해 갖고 있는 그대의 책임의식(responsibility)을 관찰하면 그대가 얼마만큼 진정한 실체를 얻었는지 알 수 있다. 진정한 실체는 눈에 보이지 않지만 그대의 책임의식은 눈에 보인다." ✤ 길을 걷다가 그들은 작은 식물과 마주쳤다. 고샬라크는 논리학자였다. 그가 식물을 뽑아 내던졌다. 그것은 작은 뿌리를 가진 식물이었다. 마하비라가 말했다. ✤ "이것은 무책임한 행동이다. 존재계를 거스르는 일을 해서는 안 된다. 그대가 그런 행동을 하면 존재계는 반드시 역작용을 일으킬 것이다." 고샬라크가 말했다. ✤ "존재계가 내게 무엇을 할 수 있겠습니까? 나는 식물을 뽑아 버렸고, 이제 존재계는 이 식물을 다시 되살릴 수 없습니다." ✤ 마하비라가 빙긋이 웃었다. 그들은 마을로 들어가 음식을 구걸했다. 구걸을 마친 후에 돌아오다가 고샬라크는 소스라치게 놀랐다. 그 식물이 다시 뿌리를 내리고 있었던 것이다. 그들이 마을에 있는 동안 비가 왔으며, 그 덕분에 식물의 뿌리가 다시 땅 속에 파묻힌 것이다. 그 식물은 작은 뿌리를 갖고 있었다. 바람이 불면서 그 식물을 일으켜 세웠고, 뿌리가 다시 땅 속에 묻혔다. 그들이 돌아올 즈음 식물은 원 상태로 돌아와 있었다. 마하비라가 말했다. ✤ "이 식물을 보라. 존재계를 거스르는 행동을 해서는 안 된다고 내가 말하지 않았더냐? 그런 행동을 하면 그대에게 해로운 결과가 올 것이다. 그런 행동은 그대를 존재계와 분리시키기 때문이다. 그런 행동은 그대를 존재계와 더 가깝게 만들지 않을 것이다. ✤ 이 식물을 보라. 이런 일은 생각지도 못한 것이다. 비와 바람이 협력하여 이 작은 식물을 다시 뿌리 내리게 만들었다. 존재계가 이 식물에 다시 생명을 준 것이다. 이것은 우리 눈에 작은 식물로 보이지만 실상은 광활한 우주의 일부이다. 이 거대한 존재계, 막강한 힘의 일부이다." 마하비라가 고샬라크에게 계속 말했다. ✤ "이제 우리는 여기에서 헤어지자. 나는 존재계를 거스르면서 일말의 책임감도 느끼지 못하는 사람이 나와 동행하는 것을 허락할 수 없다." 마하비라의 철학 전체는 비폭력 사상이었다. 이것을 더 낫게 표현하면 존재계에 대한 존중이라고 할 수 있다. 비폭력은 이 존중의 일부에 지나지 않는다. ✿ 그대 자신을 발견하면 할수록 그대는 전에 신경조차 쓰지 않았던 많은 것에 대해 책임을 느낄 것이다. 이것을 기준으로 삼아라. 사람들과 사물, 존재계의 모든 것에 대해 더 많은 책임의식을 느낄수록 그대는 더 편안해진다. 그대는 옳은 길을 가고 있는 것이다. 30

이것을 이해하는 것이 아주 중요하다. 마하비라 같은 사람이 벌거벗은 것은 훈련에 의한 것이 아니었다. 그는 나체를 훈련한 적이 없다. 그는 왕이었다. 그는 재물, 돈, 토지 등 자신이 가진 모든 것을 사람들에게 나누어 주었다. 그는 숄(shawl) 한 장만 걸치고 도시를 떠났다. 그런데 그는 길을 가다가 불구자인 거지를 만났다. 이 거지는 마하비라가 재물을 나누어 준다는 소문을 듣고 도시로 가는 길이었다. 그러나 그는 앉은뱅이였기 때문에 너무 늦었다. 마하비라는 이미 모든 재물을 나누어 주고 도시를 벗어나고 있었던 것이다. 거지가 말했다. "나는 다리가 없기 때문에 제 시간에 당도할 수 없었습니다. 당신은 이미 떠나고 계시는데, 당신의 왕국에서 제일 가난한 저는 아무것도 받지 못했습니다." 마하비라가 말했다. ✤ "이제 내가 가진 것이라곤 이 숄밖에 없다. 하지만 이 숄은 다이아몬드가 박힌 아주 값진 것이다."

마하비라가 숄을 반으로 잘라 걸인에게 주면서 말했다. ✤ "이 정도면 그대가 평생을 지내기에 부족함이 없을 것이다. 나는 다른 반쪽으로도 충분하다."이제 마하비라는 반으로 잘려서 수건처럼 된 숄로 몸을 감쌌다. 그가 숲으로 들어가고 있는데 숄이 장미 덤불에 걸려서 벗겨졌다. 그가 자신이 발가벗겨진 것을 알고서 장미 덤불에서 숄을 떼어 내려고 하는데 문득 이런 생각이 들었다. '이것이 무슨 소용인가? 조만간 이 숄 또한 잃을 것이다. 이 숄은 너무 값진 것이기 때문에 나는 잠을 자면서도 신경을 써야 할 것이다. 그러니 이 숄은 장미 덤불에게 주고 자유롭게 떠나는 것이 좋겠다. 이제 나는 잃을 것이 없으니 두려워할 것도 없다. 나는 세상에 태어날 때와 똑같은 상태가 되었다.' ✤ 이것은 훈련이 아니다. 이것은 이해에서 나온 행동이다. [31]

요가는 순수한 과학이다. 요가에 관한 한 파탄잘리(Patanjali)는 가장 위대한 인물이다. 이런 인물은 드물다. 파탄잘리와 비교될 만한 다른 이름을 찾아볼 수 없을 정도이다. 그를 통해 인류는 역사상 처음으로 종교에 과학을 도입했다. 그는 종교를 철저한 과학적 법칙으로 만들었다. 여기엔 믿음이 필요 없다.

붓다들의 세계에 있어서 파탄잘리는 아인슈타인과 같은 인물이다. 그는 비범한 천재였다. 그는 한결같이 엄밀한 과학성을 유지했다. 그는 크리슈나(Krishna) 같은 시인이 아니며, 마하비라 같은 도덕주의자도 아니다. 기본적으로 파탄잘리는 '법칙' 이라는 개념으로 생각한 과학자이다. 그는 인간과 심리작용, 그리고 실체에 대해 절대적인 법칙을 추론해냈다.

파탄잘리를 연구하다 보면 그가 수학 공식처럼 정확하다는 것을 알게 될 것이다. 그가 말하는 대로하면 반드시 결과가 있게 마련이다. 이것은 둘 더하기 둘이 넷인 것과 같다. 이것은 물을 백도까지 끓이면 증발되는 것과 같다. 여기엔 믿음이 필요없다. 그저 행하고 알면 그뿐이다. 이것이 내가 파탄잘리에 비교될 만한 인물이 없다고 말하는 이유이다. 지구상에 파탄잘리와 버금가는 사람은 존재한 적이 없었다. [32]

인도의 여성 신비주의자인 미라(Meera)에 관한 아름다운 이야기가 전해진다. 그녀는 진실로 지극한 헌신자였다. 그녀는 신에 대한 엄청난 사랑과 환희 속에서 살았다. 그녀는 일국(一國)의 왕비였는데 어느 날인가부터 길거리에서 춤을 추기 시작했다. 가족들은 그녀를 파문하고 독살(毒殺)까지 시도했다. 그녀가 속한 왕족 가문에서 그녀는 아주 치욕적인 존재였기 때문이다. 그녀의 남편마저 크게 당황해서 수치심을 느낄 정도였다. 특히 그 당시에는 더 그랬을 것이다. 이 이야기는 인도에서도 가장 전통적인 색채가 강한 라자스탄(Rajasthan)에서 유래한다. 라자스탄에서는 오랜 세월 동안 아무도 여자의 얼굴을 볼 수 없었다. 여자들은 항상 얼굴을 가리고 다녀야 했기 때문이다. 그래서 남편조차 대낮에 아내를 알아보지 못했다. 그들은 오직 깜깜한 밤에만 만났다. 그렇게 어리석은 시대에 왕비가 거리에서 춤을 추기 시작하다니! 군중들이 모여들었지만 그녀는 신성(神性)에 취해 있었다. 사리(sari)가 흘러내리고 얼굴이 노출되었다. 팔이 훤히 드러났다. 이런 모양새를 보고 그녀의 가족들은 크게 당황했다. 그러나 그녀는 아름다운 노래를 부르고 있었다. 세상에서 가장 아름다운 노래를. 가슴 깊은 곳에서 흘러나오는 노래였다. 이 노래들은 의도적으로 작곡된 것이 아니라 즉흥적으로 흘러나오는 것이었다. 그녀는 크리슈나의 헌신자였다. 그녀는 크리슈나를 열렬히 사모했다. 그녀가 남편인 왕에게 말했다. ❀ "당신 자신을 내 남편이라고 믿지 마십시오. 내 남편은 크리슈나입니다. 당신은 진짜 내 남편이 아닙니다. 그저 초라한 대리인 역할을 하고 있을 뿐입니다." ❀ 이 말을 듣고 격노한 왕은 미라를 나라 밖으로 내쫓았다. 그녀에게는 나라 안으로 들어오는 것이 금지되었다. 그래서 그녀는 크리슈나의 본거지인 마투라(Mathura)로 갔다. 크리슈나는 이미 수천 년 전에 죽은 인물이었다. 하지만 미라에게 크리슈나는 영원히 살아 있는 존재였다. 이것이 사랑의 신비이다. 사랑은 시공(時空)을 초월한다. 미라에게 있어서 크리슈나는 단순히 개념적인 존재가 아니라 살아 있는 실체였다. 그녀는 크리슈나와 대화를 나누고 그와 함께 잤다. 그를 껴안고 입을 맞추었다. 그녀 외에 아무도 크리슈나를 볼 수 없었지만 그녀는 완벽하게 그를 자각하고 있었다. 그녀에게 있어서 크리슈나는 우주의 영혼이며 핵심이었다. 이것을 붓다는 담마(dhamma), 법(法)이라고 불렀다. 이 '담마'라는 말은 남성적인 표현이다. 미라는 크리슈나를 '나의 연인'이라고 불렀다. 법이 아니라 사랑이다. 이 사랑은 여성적인 가슴에서 나온 표현이다. ✤ 그녀가 마투라에 도착했을 때 마투라에는 크리슈나를 모시는 큰 사원이 있었다. 그런데 이 사원의 수석 사제는 평생 동안 여자를 보지 않기로 맹세한 사람이었다. 30년 동안 그는 여자를 본 적이 없었다. 그 사원에는 여자의 입장이 금지되고 있었으며, 그는 30년 동안 사원 밖으로 나간 적이 없었기 때문이다. 미라는 사원에 도착하여 문 앞에서 춤을 추었다. 문을 지키던 사람들은 그녀의 춤을 보고 자석에 끌린 것처럼 매혹되어서 그녀의 입장을 제지해야 한다는 것을 까맣게 잊었다. 사원장은 크리슈나를 경배하고 있다가 미라가 들어오는 것을 보고 자신의 눈을 의심했다. 그가 미친 듯이 소리질렀다. ✤ "당장 나가! 여기서 나가라고! 이곳은 여자의 출입이 금지되어 있다는 것을 모르는가?" 미라가 웃으면서 말했다. ✤ "내가 아는 한, 신 외에는 모든 사람이 여자입니다. 당신 또한 여자입니다. 30년 동안이나 크리슈나를 모시고도 당신은 아직 자신을 남자로 생각하나요?" 이 말이 사원장의 눈을 열어 주었다. 그가 미라의 발 밑에 엎드려 말했다. ✤ "전에는 아무도 이렇게 말한 적이 없습니다. 그러나 이제는 저도 그것을 보고 느낄 수 있습니다. 당신의 말이 진리입니다." ✤ 사랑의 길을 가든, 명상의 길을 가든 가장 높은 정상에 도달하면 그대는 여성이 된다. 붓다와 노자 같은 사람들은 모두 여성처럼 보인다. 이것은 그대가 그들이 정상에 도달한 후의 모습밖에 모르기 때문이다. 그대는 그들이 어떤 길을 걸었는지 모른다. 그들의 여행길에 대해 아는 게 없다. 그들의 길은 남성적이었다. 그 길은 여성적이지 않았다. [33]

크리슈나를 사랑한 사람들 가운데에서도 차이탄야(Chaitanyas)의 이름은 가장 두드러진다. '아친티야 브헤다브헤다바드(achintya bhedabhedavad)'라는 개념에서 '아친티야'는 아주 중요한 말이다. ✿ 이 말은 '생각이 불가능한'이라는 뜻이다. 생각을 통해서 안 사람들은 물질과 정신이 분리되어(bhed) 있다고 말하거나, 아니면 그것들이 하나이며 동일하다(abhed)고 말할 것이다. 차이탄야는 두 가지 다 옳다고 말한다. 물질과 영혼이 하나인 동시에 분리되어 있다는 것이다. 그러나 이것 또한 생각의 영역에 속하는 말이다. 파도와 바다가 상이(相異)한 동시에 동일하다는 것은 생각으로도 이해가 가능하다. 그런데 차이탄야는 여기에 다른 차원, '아친티야'라는 다른 차원의 단어를 보태 놓는다. 이 단어는 '생각이 불가능한'이라는 뜻이다. 이 단어가 매우 중요하다. 세상과 신, 또는 물질과 영혼이 분리되어 있는 동시에 분리될 수 없다는 것을 안다 해도 그것이 생각을 통한 앎이라면 아무 가치도 없다고 차이탄야는 말한다. 이런 앎은 하나의 개념이나 관념, 이론 외에 아무것도 아니다. ✿ 그러나 구도자가 생각과 언어를 통하지 않고서 알게 되면, 사념을 넘어선 무심의 상태에서 깨달으면, 그때서야 이것은 그의 경험이 된다. 이것이 가치 있는 앎이다. 이것이 진정한 앎이다. '이것은 생각이 불가능하다.'고 말할 때 차이탄야는 눈으로 볼 수 있는 것 이상을 말하고 있다. 미라(Meera) 또한 같은 말을 할지 모르지만 그녀는 이에 대해 진지하게 생각해 본 적이 없다. 그녀는 처음부터 끝까지 느낌을 중시하는 여성이었다. 반면에 차이탄야는 훌륭한 논리학자였다. 그는 예리한 논리를 갈고 닦았다. 그는 사유의 정점에 올랐다. 푼디트(Pundit)들은 그와 논쟁하는 것을 두려워했다. 그는 적수가 없을 만큼 뛰어난 이론가였다. 철학적 토론에서 그는 언제나 승리를 거두었다. 이렇게 합리적 논리로 무장한 지성인이, 평생 동안 언어와 개념에 대해 치밀한 분석을 가하던 그가 어느 날 갑자기 나바딥(Navadeep) 거리에서 춤추고 노래하기 시작했다. ❧ 반면, 미라는 학문과 경전에 몰두한 적이 없었다. 그녀는 논리와 아무 상관도 없었다. 그녀는 사랑으로 헌신하는 여자일 뿐이었다. 차이탄야는 미라와 정반대였다. 그는 사랑의 길을 가는 사람이 아니었다. 그런데 어느 날 그는 사랑과 헌신의 길로 돌아섰다. 이것은 기적 같은 일이었다. 이 180도의 전환은 사랑이 논리를 이겼음을 증명한다. 그는 탁월한 논리로 당대의 현학자들을 모두 패배시켰다. 그리고 결국 그는 논리 자체가 패배할 수밖에 없는 훈련에 불과하다는 것을 깨달았다. 그는 마음이 사라지고 삶과 사랑이 승리를 거두는 지점에 도달했다. 이 지점을 넘어서면 삶과 사랑만이 가능하다. 이것이 내가 크리슈나의 길을 걸었던 사람들 중에 차이탄야가 특별한 경우에 속한다고 말하는 이유이다. ❧ 차이탄야처럼 비범한 논리를 지닌 사람이 어떻게 그 드높은 학문의 상아탑에서 내려와 거리에서 북을 치고, 춤을 추고, 노래를 부르게 되었는지 상상하기도 힘든 일이다. 버트란트 러셀(Bertrand Russell)이 런던 거리에서 춤추는 모습을 상상할 수 있는가? 차이탄야는 러셀처럼 철저하게 지성적인 사람이었다. 이런 배경 때문에 그의 말이 엄청난 의미를 지니게 되는 것이다. 그는 "실체에 대해 생각하는 것은 불가능하다."고 말한다. 언어가 아니라 손에 든 북으로 말한다. 한때는 최고의 학자로 존경받던 도시, 자신의 본거지였던 도시의 길거리에서 춤추고 노래하면서 그는 말한다. 이런 식으로 그는 마음과 사유를 포기하고 ❧ "실체는 사유를 넘어서 있다. 그것은 생각이 불가능하다."고 선언했다. 차이탄야의 경우는, 먼저 깊은 사유의 세계로 들어가 철저하게 파헤친 사람들만이 사유를 초월할 수 있다는 것을 말해 준다. 이렇게 사유의 가장 깊은 곳까지 들어간 사람들은 사유가 끝나고 사유 불능의 세계가 시작되는 지점에 도달한다. 반드시 그렇게 된다. ❧ 그리하여 이 마음의 마지막 경계선에서 차이탄야와 같은 선언이 나오게 된다. 34

차이탄야는 노래와 춤을 통해 궁극적인 경지에 도달했다. 붓다와 마하비라가 명상과 침묵을 통해 이루었던 것을 차이탄야는 춤을 통해 이룩했던 것이다.

중심축으로 가는 데에는 두 가지 길이 있다. 하나의 길은 평온하고 고요해진 그대의 내면에 놓여 있다. 내면에 조금의 흔들림도 없을 때 그대는 중심에 도달한다. 다른 길은 정반대이다. 격렬한 운동 속으로 들어가 바퀴가 최고 속도에 달하면 중심축이 그 모습을 드러낸다. 이 두 번째 방법이 첫 번째보다 쉽다.

바퀴가 돌고 있을 때 중심축을 아는 것은 쉬운 일이다. 마하비라가 침묵과 명상을 통해 그 축을 알았다면 크리슈나는 춤을 통해 알았다. 그런데 춤에 관한 한 차이탄야는 크리슈나를 능가한다. 차이탄야의 춤은 적수가 없을 만큼 장엄하고 심오하다. 아마 이 지구상에 차이탄야처럼 춤춘 사람은 없을 것이다. 이런 맥락에서, 인간이 표면과 중심, 둘 다를 갖는다는 것을 마음에 새기는 것이 좋다. 표면인 육체가 항상 움직이고 변화하는 반면, 그의 중심인 영혼은 아무 움직임 없이 고요하다. 중심은 영원한 것이다. [35]

라자스탄, 자이살메르의 자이나교 사원

'구루(guru)'라는 개념은 동양적이다. 이 단어는 다른 말로 올바르게 번역될 수 없다. 이 말을 '스승(master)'으로 옮길 때 많은 의미가 상실된다. 왜냐하면 스승은 선생을 의미하기 때문이다. 그러나 구루는 선생이 아니다. 서양인들의 의식 속에 구루는 존재한 적도 없다. 이 '구루'라는 현상은 동양적이다. 기본적으로 동양에 속하는 현상이다. 이것을 이해해야 한다.

우리는 진리를 나누어 주는 사람을 '구루'라고 부른다. 그가 가르친다는 말이 아니다. 진리는 가르쳐질 수 없고, 다만 포착될 뿐이다. 구루의 현존이 진리를 포착하도록 그대를 돕는다. 그가 촉매역할을 한다. 실제로 구루는 아무것도 하지 않는다. 그는 행위자가 아니다. 행위자라는 의식(doer-hood)이 완전히 사라진 사람이 구루가 된다. 그는 행위자가 아니다. 행위자가 가고 에고가 사라졌을 때, 철저하게 수동적이 되어서 욕망의 잔물결 하나 일어나지 않을 때, 그는 구루가 된다. 욕망이 없으면 어떤 행위도 있을 수 없다. 행위는 욕망을 필요로 한다. 행위는 행위자를 필요로 한다.

구루는 아무것도 아닌 사람이다. 그는 무(無)가 된 사람이다. 이 무를 통해 영원(永遠)이 흐르기 시작한다. 그의 공(空)을 통해 전체가 흐르기 시작한다. 구루의 현존 안에서 그대는 진리를 포착할 수 있다. 이런 사람이 구루이다.

이것은 제자에게 달린 문제이다. 구루는 행위자가 아니기 때문이다. 그는 빛처럼 그저 거기에 있을 뿐이다. 그대가 눈을 뜨면 그대의 눈은 빛으로 가득 찬다. 그러나 그대가 눈을 감고 있으면 빛은 그저 거기에 있을 뿐이다. 이 빛은 공격적이지 않다. 그대의 눈꺼풀을 두드리며 "눈을 떠라"라고 말하지 않는다. 이 빛은 아무 말도 하지 않는다. 그저 그렇게 있을 뿐이다. 구루라는 빛은 그대를 간섭하지 않기 때문이다.

눈을 뜨면 그대는 빛을 받아들인다. 그러나 눈을 감고 있으면 빛을 놓친다. [36]

크리슈나(Krishna)는 비교할 대상이 없을 만큼 독특하다. 그는 까마득한 과거에 태어 났음에도 불구하고 미래에 속하는 인물이다. 이것이 그의 주된 독특함이다. 진실로 그는 미래의 인물이다. 인류는 아직 크리슈나와 동시대인이 될 만큼 성숙하지 못했다.

크리슈나는 의식의 절대적인 경지에 올랐으면서도 심각하거나 침울하지 않았다. 보편적으로 종교인들의 주된 특성은 우울과 심각함이다. 그들은 삶이라는 전쟁터에서 패한 사람처럼 슬퍼보인다. 이 삶에서 도망치려는 사람들 같다. 성자들의 긴 역사에서 크리슈나는 춤추고, 노래하고, 웃었던 유일한 사람이다.

과거의 종교는 철저하게 삶을 부정하는 자학적(自虐的)인 성격을 띄었다. 그들은 슬픔과 고통이 커다란 미덕이라도 되는 것처럼 가르쳤다. 웃음의 종교, 삶의 모든 것을 받아들이는 종교는 아직도 태어나지 않았다. 기존의 종교가 죽어 가고 있는 것은 좋은 일이다. 차라리 기존의 종교와 아울러 낡아빠진 신, 신에 대한 우리의 오래된 관념 또한 죽어 가고 있는 것은 좋은 일이다. 지금까지 모든 종교는 삶을 둘로 나누어 생각했다. 그리고 삶의 한 부분을 받아들이는 한편, 다른 부분을 부정했다. 크리슈나만이 삶 전체를 받아들여서 삶에 대한 전체적인 수용성은 크리슈나에 이르러 절정에 달한다. [37]

마하라슈트라 주(州)에는 인도에서 가장 신성한 장소 중의 하나로 여겨지는 사원이 있다. 그곳은 비토바(Vithoba) 사원이라고 불린다. '비토바'는 크리슈나의 이름 중 하나이다.

전설에 의하면, 헌신자 한 명이 크리슈나가 지상으로 내려오기를 학수고대하며 깊이 명상했다고 한다. 크리슈나가 내려왔을 때 헌신자는 어머니의 발을 주무르고 있었다. 크리슈나는 문을 두드렸다. 문이 열려 있었기 때문에 크리슈나는 안으로 들어가 헌신자 바로 뒤에 앉았다. 헌신자는 오랜 시간 동안 크리슈나가 오기만을 기다리며 눈물로 애원하고 있었다. 이제 고개만 돌리면 소원이 성취될 순간이었다. 오랫동안의 노력이 결실을 맺을 순간이었다. 크리슈나가 말했다. "봐라. 내가 여기에 있다. 나를 봐라." 그러나 헌신자는 "기다리세요!"라고 말했다. 크리슈나가 때를 잘못 택했기 때문이다. 헌신자는 어머니의 발을 주무르는 중이었다. 헌신자는 작은 벽돌 위에 앉아 있었는데, 그 벽돌을 빼서 뒤로 밀어내며 크리슈나에게 그 위에 앉으라고 말하고는 크리슈나를 향해서 고개조차 돌리지 않았다. 크리슈나를 환영하고 감사하기 위해 돌아보지도 않았던 것이다.

크리슈나는 벽돌 위에 서서 밤새도록 기다렸다. 헌신자의 어머니가 잠이 들지 않았기 때문이다. 그녀는 죽어 가는 중이었고, 헌신자는 그녀를 내버려둘 수 없었다. 크리슈나는 밤새도록 기다렸다. 아침이 되어 마을 사람들이 깨어나기 시작했다. 결국 다른 사람들의 눈에 띌 것을 염려한 크리슈나는 그 자리에서 석상이 되어 버렸다.

이 석상이 그 사원에 있다. 고개조차 돌리지 않은 헌신자를 기다리며 크리슈나가 벽돌 위에 서 있다. 이 이야기는 무엇인가 의미심장한 뜻을 전해 준다. 오로지 진정으로 이루고 싶은 것을 포기하는 순간에, 신을 보려는 욕망조차 없는 순간에, 헌신자는 신을 얻는다. [38]

라마크리슈나(Ramakrishna)가 죽었다. 인도에서는 남편이 죽으면 부인은 팔찌를 부수고, 모든 장신구를 떼어 내고, 머리를 완전히 삭발하고, 오로지 흰색 사리(sari)만을 입어야 한다. 일생 동안의 비탄과 좌절, 외로움이 시작되는 것이다. 그러나 라마크리슈나가 죽었을 때 그의 부인인 샤르다(Sharda)는 만 년 동안이나 이어진 전통에 따르기를 거부했다. 그녀가 이렇게 말했다. ✤ "라마크리슈나는 죽지 않았습니다. 최소한 내게는 그렇습니다. 당신들 눈에는 그가 죽은 것처럼 보이겠지만 내게 그런 일은 불가능합니다. 내게 있어서 그의 물질적인 육체는 이미 오래전부터 무관(無關)했습니다. 그의 현존과 경험, 향기가 실체를 갖게 되었으며, 그것들은 지금도 나와 함께 살아 있습니다. 이런 것들이 나를 떠나지 않는 한, 나는 팔찌를 부수거나 머리를 자르지 않겠습니다. 내게 있어서 그는 변함없이 살아 있기 때문입니다." ✤ 사람들은 그녀가 미쳤다고 생각했다. 눈물 한 방울 흘리지 않는 것을 보고서 충격이 너무 컸던 모양이다. 라마크리슈나의 시신이 화장터로 옮겨질 때 그녀는 집 밖으로 나오지도 않았다. 그녀는 라마크리슈나를 위해 음식을 준비하고 있었다. 남편이 죽어서 시신이 화장터로 옮겨지고 있는데 그녀는 식사를 준비하고 있었던 것이다. 남편이 점심을 드는 시간이었기 때문이다. 누군가 그녀에게 말했다. ✤ "샤르다, 제발 정신 좀 차려요. 사람들이 당신 남편의 시신을 내가고 있어요." 샤르다가 웃으며 말했다. ✤ "육체는 가져갈 수 있겠지만 그분의 현존은 가져갈 수 없어요. 그 분의 현존은 나의 일부가 되었습니다. 그리고 나는 미치지 않았어요. 사실, 죽음에 의해 그분은 내게 좋은 기회를 주었어요. 그분의 가르침이 진정 내 가슴을 적시고 있는지 알아볼 기회를 말이에요." 그녀는 그 후로도 수 년을 살았지만 날마다 똑같은 일을 반복했다. 하루에 두 번씩 음식을 장만하고, 빈자리에 대고 부채질을 했다. 힌두교에서는 남편이 식사를 할 때 부인이 옆자리에 앉아 부채질을 해주는 관습이 있기 때문이다. ✤ 라마크리슈나는 그 자리에 없었다. 육체밖에 볼 수 없는 우리들의 눈에는 그렇다. 그런데 샤르다는 라마크리슈나와 대화를 나누고, 이웃에 일어난 여러 가지 일들에 대해 이야기했다. 그녀는 남편이 살아 있을 때 그랬던 것처럼 주변의 온갖 소식을 들려주었다. 저녁때가 되면 다시 음식을 장만하고, 밤에는 잠자리를 준비했다. 모기가 들어가지 못하도록 꼼꼼하게 모기장을 치고 남편의 발을 만지며 경의를 표했다. 이 발은 오직 그녀에게만 보이는 것이었다. 그런 다음, 그녀는 불을 끄고 잠자리에 들었다. 아침이 되면 그녀는 평상시와 마찬가지로 라마크리슈나를 깨우며 이렇게 말했다. ✤ "파라마한사데바(Paramahansadeva), 일어나실 시간이 되었어요. 밖에 당신 제자들이 모여 있답니다. 어서 일어나 세수하시고 차 한잔 드세요." 마음보다 가슴으로 느낄 줄 아는 사람들은 샤르다에게 미친 증상이 전혀 없다는 것을 서서히 깨닫기 시작했다. 오히려……, 그때까지 사람들은 그녀에 대해 한 번도 생각해 본 적이 없었다. 그녀는 항상 라마크리슈나의 뒤에 숨어 있었기 때문이다. 그런데 이제 라마크리슈나는 갔고, 그녀가 라마크리슈나의 가장 오랜 동료였다. 그래서 사람들이 그녀에게 조언을 구하기 시작했고, 그녀는 온갖 문제에 대해 완벽한 조언을 해주었다. 미친 사람으로서는 도저히 불가능할 조언을. 그녀는 마지막 순간까지도 계속해서 라마크리슈나의 현존을 느꼈다. 숨을 거두기 전에, 이것이 그녀가 눈물을 보인 유일한 경우였다. 누군가 물었다. ✤ "라마크리슈나가 죽었을 때에도 눈물 한 방울 비치지 않더니 지금은 왜 웁니까?" 샤르다가 말했다. ✤ "내가 우는 것은 걱정이 되기 때문입니다. 이젠 누가 그분을 돌보고 음식을 장만하지요? 그분이 무엇을 좋아하고 싫어하는지는 저밖에 몰라요. 이젠 누가 그분의 잠자리를 펴 드리지요? 이렇게 모기가 아우성인데, 모기장 안으로 한 마리라도 들어가면 연로한 그분은 밤새도록 시달릴 거예요. 그런데 나는 죽어 가고 있어요. 나는 여기에 없을 겁니다. 그리고 당신들은 그분이 죽었다고 생각하니, 내가 어떻게 당신들을 믿을 수 있겠어요?" ✤ 이것이 침묵하는 가슴, 기다리는 가슴의 길이다. 죽음마저도 차이점을 만들지 못한다. 조금의 거리도 벌어지게 할 수 없다. [39]

붓다가 깨달았을 때, 제 철이 아닌데도 나무에서 꽃이 피어났다고 한다. 그 꽃들은 실제로 피어나지 않았을지도 모른다. 이것은 과학적인 이야기가 아니기 때문이다. 그러나 진리가 되기 위해 반드시 과학적일 필요는 없다. 진리가 되기 위해 반드시 역사적으로 사실일 필요는 없는 것이다. 진리에는 여러 가지 차원이 있다. 시적인 진리에는 나름대로의 특성이 있다. 그것은 역사적이지도 과학적이지도 않다. 그러나 진리라는 점에는 변함이 없다. 이것은 시적인 진리이기 때문이다. 그리고 시적인 진리는 과학적인 진리보다 더 높은 차원이다. 과학적인 진리는 계속해서 변하지만 시적인 진리는 영원하기 때문이다. 과학적 진리는 사실(fact)에 가깝다. 시적인 진리는 사실이 아닐지라도 더 깊은 의미를 갖는다. 이것은 그야말로 의미심장한 신화이다. [40]

마하비라는 완전한 나체로 이 마을 저 마을로 떠돌아 다녔다. 신발도 옷도 없었다. 그런데 때로는 길바닥에 놓여 있던 가시들이 마하비라의 발을 보호하려고 급히 물러섰다는 이야기가 전해진다. 실제로 가시들은 이런 행동을 안했을지도 모른다. 가시에게 이런 기대를 하는 것에는 무리가 있다. 인간에게조차 기대하기 힘든 일이다. 그럼에도 불구하고 이 일화는 의미심장하다. 이 이야기는 우리 모두가 서로에게 속해 있다는 것을 보여준다. 가시는 우리의 일부이고, 우리는 가시의 일부이다. 꽃들이 우리의 부분이고, 우리가 꽃들의 부분인 것이다. 우리는 한 가족이다. 우리는 이방인이나 외딴 섬이 아니다. 존재의 광활한 대륙은 긴밀하게 연결되어 있다. [41]

넷,
동양의 향기

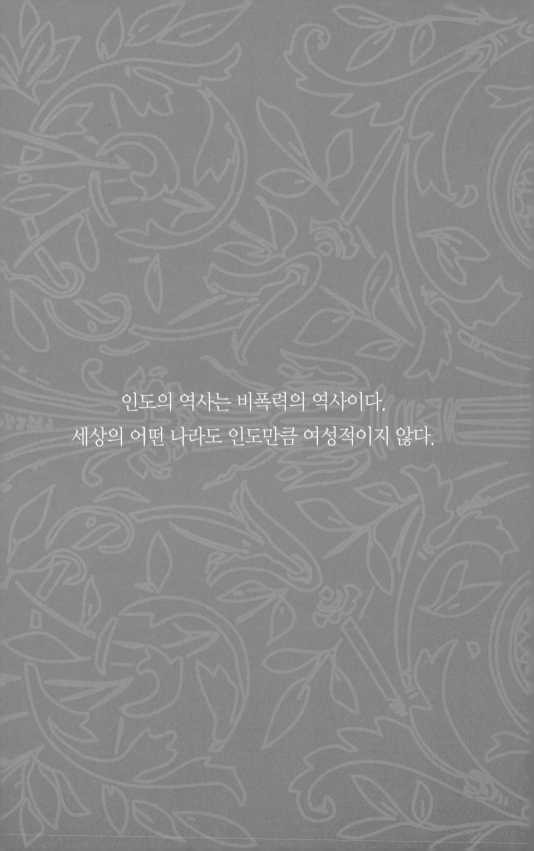

인도의 역사는 비폭력의 역사이다.
세상의 어떤 나라도 인도만큼 여성적이지 않다.

학식(scholarship)에 매달리지 말라. 학식은 아주 범용(凡庸)한 것이다. 학식은 현대 과학과 신비주의를 잇는 다리가 될 수 없다. 우리는 붓다에 관해 아는 사람이 아니라 붓다가 필요한 사람들이다. 우리에게는 명상가, 사랑하는 사람, 직접 경험한 사람이 필요하다. 이제 때가 무르익었다. 과학과 종교가 만나 하나로 융화될 수 있는 날이 왔다. 이런 융화가 이루어지는 날은 인류 역사상 가장 위대한 날이 될 것이다. 그 날은 비교할 수 없을 만큼 소중한 축제의 날이 될 것이다. 분열증에 걸린 인류가 그 날부터 세상에서 자취를 감출 것이다. 이렇게 되면 과학과 종교, 이 둘이 필요하지 않다. 하나면 충분하다.

외부 세계에는 과학적인 방법론이 사용될 것이고, 내면 세계에는 종교적인 방편이 사용될 것이다. '신비주의'라는 단어는 참으로 아름답다. 이 단어는 과학을 가리키기 위해, 또는 종교를 가리키기 위해서도 사용될 수 있다. 신비주의는 과학이 될 수도 있고, 종교가 될 수도 있다. '신비주의'는 진정으로 아름다운 이름이다. 과학은 외부의 신비를 추구하고, 종교는 내면의 신비를 추구한다. 이 둘이 신비주의의 양 날개이다. 신비주의는 과학과 종교 둘 다를 지칭하는 단어가 될 수 있다. 그리하여 신비주의는 양자의 종합인 것이다.

일단, 이런 종합이 일어나면 다른 종합들은 저절로 일어날 것이다. 예를 들어, 과학과 종교가 신비주의 안에서 만나면, 서양과 동양이 만나고, 남자와 여자가 만날 것이며, 시와 산문이 만나고, 논리와 사랑이 만날 것이다. 이런 만남이 계속해서 일어날 것이다. 일단 이런 일이 일어나면 우리는 더 완벽한 인간, 더 전체적이고 균형 잡힌 인간을 보게 될 것이다. [42]

위대한 신비주의자 가운데에는 종종 최고의 논리학자가 있었다. 샹카라(Shakara)와 나가르주나(Nagarjuna)가 그런 사람인데 그들은 탁월한 논리학자인 동시에 비논리적이었다. 그들은 철저한 논리를 전개하다가 갑자기 비약했다. 그들은 이렇게 말했다. "이 지점까지는 논리가 도움이 되었다. 그러나 여기서부터는 논리를 버려야 한다."

샹카라와 논쟁을 벌인다면 그대는 백전백패 할 것이다. 샹카라는 인도 전역을 여행하면서 수많은 학자들을 패배시켰다. 유명한 학자들을 찾아가서 패배시키는 것이 그가 평생 동안한 일이었다. 그럼에도 불구하고 그는 매우 비논리적이었다. 아침이 되면 그는 완벽한 논리를 전개했다. 최고의 논리학자들도 그 앞에 서면 어린애처럼 보였다. 그런데 저녁이 되면 그는 사원에서 춤추면서 기도했다. 어린아이처럼 눈물을 흘리며 울었다. 믿기 힘든 일이 아닐 수 없다.

그는 너무나 아름다운 기도문을 썼다. 누군가 그에게 물었다. "어떻게 이런 아름다운 기도문을 쓸 수 있습니까? 당신은 최고의 논리학자입니다. 그런데 울고불고 하면서 눈물을 쏟다니요? 어떻게 그런 식으로 감정적일 수 있습니까?" 그가 말했다. "나의 직관은 논리에 반대하지 않는다. 나의 직관은 논리를 넘어선다. 나의 논리는 기능적인 역할을 한다. 나는 논리를 갖고 길을 간다. 철저하게 논리를 전개한다. 그러다가 논리가 더 이상 넘어갈 수 없는 순간이 온다. 그때 나는 논리 또한 넘어서야 한다."[43]

라자스탄, 자이살메르의 하벨리(저택)

라빈드라나드 타골(Rabindranath Tagore) 의 삶에 얽힌 일화가 있다. 타골은 가끔씩 자신의 작은 수상 가옥(水上家屋)에 가곤 했다. 그 집은 아름다운 강 위에 떠 있었으며, 무성한 숲으로 둘러싸여 고요하고 적막하기 이를 데 없었다.

어느 보름날 밤, 그는 크로체(Croce)의 미학(美學)에 관한 책을 읽고 있었다. 밤이 깊었을 때, 크로체의 복잡한 설명에 지친 타골이 책을 덮고 촛불을 껐다. 잠자리에 들려는 것이었다. 그런데 기적이 일어났다. 촛불이 꺼지는 찰나, 작은 수상 가옥의 모든 창문으로 달빛이 쏟아져 들어왔다. 은은한 달빛이 집안을 가득 채웠다. 타골은 한동안 고요하게 앉아 있었다. 그것은 참으로 신성한 체험이었다. 그가 집 밖으로 나갔을 때 고요한 밤에 달이 아름답게 빛나고 있었다. 숲은 적막하기 이를 데 없었고, 강물은 소리도 없이 도도하게 흐르고 있었다. 다음 날 아침, 그는 일기에 이렇게 적었다.
"아름다운 달빛이 사방에서 나를 에워쌌는데 작은 촛불이 그 아름다움을 차단하고 있었다. 그 촛불 때문에 달빛이 집 안으로 들어오지 못하고 있었다."

이것이 니르바나(涅槃)의 정확한 의미이다. 에고의 작은 불꽃, 마음이라는 작은 불꽃이, 우주 전체가 그대 안으로 쏟아져 들어오는 것을 방해한다. 촛불을 불어 끄고 우주 전체가 사방에서 그대를 뚫고 들어오도록 허용하라. 이것이 '니르바나(nirvana)' 라는 단어의 뜻이다. 그대는 아무것도 잃지 않을 것이다. 오히려 그대는 난생 처음으로 진, 선, 미의 무궁무진한 보물, 소중하기 이를 데 없는 보물을 발견할 것이다. 44

아디 샹카라차리야(Adi shankaracharya)는 거의 1천4백 년 전의 인물이다. 그는 서른 세 살의 젊은 나이로 죽었지만 산야스(sannyas)의 새로운 전통을 일구었다. 그는 동서남북 각 방향에 네 개의 사원을 짓고, 각 방향마다 한 명씩, 네 명의 샹카라차리야를 임명했다. 그는 유명한 철학자들을 굴복시키며 인도 전역을 여행했다. 그 당시의 인도는 전혀 다른 분위기가 형성되어 있었다. 대 철학자들 가운데 만단 미쉬라(Mandan Mishra)라는 인물이 있었다. 그는 상당한 추종 세력을 거느리고 있어서 지금도 그를 기념하는 한 도시가 존재한다. 서른 살 때 샹카라는 만다라(Mandala)에 도착했다. 도시의 외곽 우물가에서 몇 명의 여자들이 물을 긷고 있었다. 그가 여자들에게 물었다. ✤ "철학자인 만단 미쉬라가 사는 곳을 압니까?" 여자들이 웃으며 말했다. "걱정하지 말고 그냥 마을 안으로 들어가세요. 금방 찾을 수 있을 겁니다." "어떻게 찾으란 말입니까?" "아주 쉬워요. 그분은 큰 정원을 갖고 있는데, 그 정원에는 앵무새들이 많답니다. 그 앵무새들은 우파니샤드와 베다를 암송할 줄 알지요. 그러니 앵무새들이 우파니샤드의 시를 노래하는 소리를 듣는다면 그곳이 만단 미쉬라의 집이라고 생각하면 틀림없어요." ✤ 샹카라는 이 말을 믿을 수 없었다. 그러나 가서 직접 보고는 믿을 수밖에 없었다. 만단 미쉬라는 일흔 살쯤 된 노인이었다. 샹카라가 그에게 말했다. ✤ "나는 당신과 토론하려고 남부에서부터 먼 길을 왔습니다. 단 우리의 토론에는 한 가지 조건이 있습니다. 지는 사람이 상대방의 제자가 되는 것입니다. 내가 지면 나의 제자들 또한 당신의 제자가 될 것이며, 이것은 당신의 경우도 마찬가지입니다. 만일 당신이 지면 당신의 제자들 또한 내 제자가 되어야 합니다." 만단 미쉬라가 샹카라를 쳐다보며 말했다. ✤ "자네 같은 젊은이의 도전을 받아들이기가 좀 망설여지는군. 하지만 자네가 고집한다면 하는 수 없지. 자네의 도전을 받아들이지. 그런데 토론의 경력이 수없이 많은 일흔 살의 노장이 고작 서른 살의 젊은이와 똑같은 조건으로 싸우는 것은 아무래도 옳은 것 같지 않네. 그래서 말인데, 균형을 맞추기 위해 내가 한 가지 제안을 하겠네." 만단 미쉬라가 계속 말했다. "자네에게 심판을 선택할 권리를 주겠네. 자네가 심판을 정하게. 그래야만 자네가 진다 해도 이의가 없을 것이네." 어디에서 심판을 찾을 것인가? 샹카라는 만단 미쉬라의 부인에 대해 많은 이야기를 들은 바 있었다. 그녀의 이름은 브하르티(Bharti)로 예순다섯 살의 노인이었다. 샹카라가 말했다. "당신의 부인을 심판으로 정하겠습니다." ⚜ 참으로 인간적인 분위기이다. 먼저 만단 미쉬라는 샹카라에게 심판을 택할 권한을 주었고, 샹카라는 만단 미쉬라의 부인을 심판으로 택했다. 브하르티가 말했다. "이것은 옳지 않습니다. 나는 만단 미쉬라의 부인이니까요. 만일 당신이 진다면 당신은 내가 공정하지 못하여 남편의 편을 들었다고 생각할지도 모릅니다." 샹카라가 말했다. ⚜ "그런 걱정은 마십시오. 당신의 공정성을 조금도 의심하지 않겠습니다. 당신의 진실함에 대해서는 익히 들어 잘 알고 있습니다. 제가 지면 지는 것입니다." 이 토론은 6개월이나 계속되었다. 두 사람은 인용하고, 해석하고, 자기 주장을 펼치면서 각 사항에 대해 치밀한 토론을 벌였다. 6개월 후 브하르티가 선언했다. "샹카라가 이겼습니다. 만단 미쉬라는 패했습니다." 수많은 사람들이 6개월 동안 이 토론을 지켜보고 있었다. 이 최고의 논리학자들이 벌이는 토론은 훌륭한 구경거리였다. 그러나 더 놀라운 일은 만단 미쉬라의 부인이 샹카라를 승자로 선언한 것이다. 잠시 동안 정적이 흐른 후, 브하르티가 샹카라에게 말했다. ⚜ "그러나 당신의 승리는 절반에 불과하다는 것을 명심하세요. 경전에서는 부부가 한 몸이라고 합니다. 나는 만단 미쉬라의 반쪽입니다. 이제 당신은 절반을 이겼으니 나와 토론해야 합니다." 샹카라가 당황했다. 그는 지난 여섯 달 동안 너무나 힘든 시간을 보냈다. 여러 차례 토론을 포기할 생각도 했었다. 만단 미쉬라는 늙은 나이임에도 불구하고 매우 예리하고 치밀했다. 여섯 달 동안 아무도 샹카라에게 대적하지 못했다. 이제 브하르티가 절반의 승리를 선포하고 이렇게 말한다. "나 또한 당신에게 심판을 택할 권한을 주겠습니다." 샹카라가 말했다. "만단 미쉬라보다 나은 심판이 어디에 있겠습니까? 당신들은 참으로 공정하고 진실한 분들입니다." 그러나 브하르티는 샹카라가 생각하는 것 이상으로 영리했다. 그녀는 성(性)에 대한 문제를 들고 나온 것이다. 샹카라가 말했다. ✤ "죄송하지만, 저는 독신이기 때문에 성에 대해 아무것도 모릅니다." 브하르티가 말했다. ✤ "그렇다면 당신의 패배를 인정하든지, 아니면 가서 공부를 하고 경험을 얻은 다음에 오세요. 필요하다면 시간을 주지요." 그는 아주 이상한 상황에 빠지고 말았다. 그가 6개월을 요구했고, 브하르티는 이것을 허락했다. 그녀가 말했다. "가서 많은 것을 배워오세요. 우리는 이 문제로 토론을 시작할 것입니다. 그 다음에 다른 주제를 논하기로 하지요. 만단 미쉬라를 이기는 것은 쉽지 않은 일이지요. 하지만 앞으로 있을 토론에 비하면 그 절반의 승리는 아주 쉬웠어요! 나는 훨씬 더 지독한 여자입니다. 남편의 패배를 선언한 것만 보아도 내가 얼마나 독한 여자인지 알 거예요. 아마 쉽지 않은 토론이 될 겁니다. 두려우면 돌아오지 마세요. 그렇지 않으면 6개월을 기다린 후에 토론을 하기로 해요." ✤ 이런 분위기가 수천 년 동안 이어졌다. 화를 내거나 모욕을 주는 일은 없었다. 물리적인 힘이나 군대를 사용해 자신이 옳다는 것을 입증해 보이려는 일도 결코 없었다. 이런 것은 야만적이고 문명화되지 못한 사람들이나 사용하는 방법으로 여겨졌기 때문이다. 45

인도처럼 넓은 나라가 그렇게 쉽게 정복당한 것은 놀라운 일이다. 그러나 그 원인은 정복자들에게 있지 않다. 정복당한 사람들에게 그 원인이 있다. 인도인들은 전혀 다른 분위기에서 살아 왔다. 그들은 전혀 다른 종류의 진동에 의존해 살아 왔다. 땅이나 돈을 위해 싸우고 죽이는 것은 그들의 마음속에 없었다. 그들이 쉽게 정복당한 것은 용기가 없었기 때문이 아니라 싸움을 벌일 만큼 어리석지 않았기 때문이다. 그들은 순순히 길을 터주었다. 그들은 이렇게 말했다. "소수의 바보 같은 사람들만이 세상을 정복하겠다는 생각을 갖고 있다. 그들이 정복하게 놔두자. 세상을 정복해서 도대체 무엇을 얻겠다는 말인가?" 전혀 다른 삶의 자세이다. 그들에게는 정복하겠다는 생각 자체가 추하고 비인간적이었다. 그러나 알렉산더, 나폴레옹, 히틀러 같은 인물들에게는 이것이 가장 중요한 일이었다. 이 이상 가치 있는 일이 없었다.

인도는 더 많은 것을 안다. 분명히 인도는 정복의 길을 알고 있다. 그러나 이 길은 남을 정복하는 문제와는 아무 상관도 없다. 이 길은 자기 자신을 정복하는 길이기 때문이다. [46]

위대한 신비주의자였던 나가르주나(Nagarjuna)가 생각난다. 그는 벌거벗은 채 지내곤 했다. 그가 가진 것이라곤 동냥 그릇 하나가 전부였다. 그러나 그는 이 지상에 존재했던 가장 뛰어난 천재였을 것이다. 지성에 관한 한 그의 예리함은 타의 추종을 불허한다. 왕과 여왕들, 위대한 대(大)철학자들이 그의 제자였다. 그에게 아주 헌신적인 한 여왕이 있었다. 그가 찾아온다는 소식을 듣고 그녀는 다이아몬드가 촘촘히 박힌 황금 그릇을 만들었다. 그가 동냥을 하러 궁전을 찾아갔을 때 그녀가 말했다. ✤ "먼저 한 가지 약속을 해주십시오." 나가르주나가 말했다. "가진 것이라곤 동냥 그릇밖에 없는 내게, 무슨 약속을 요구한단 말이오?" "그 그릇이면 충분합니다. 제가 원하는 것은 바로 그 동냥 그릇입니다." "좋소, 얼마든지 가져가시오." ✤ "그러나 이것은 약속의 절반에 불과합니다. 제가 다른 그릇을 드릴 테니 그 그릇을 가지셔야 합니다." ✤ "좋소, 동냥 그릇이야 아무런들 어떻겠소." ✤ 그러나 나가르주나는 여왕이 무엇을 숨기고 있는지 알지 못했다. 그녀가 준 것은 값진 다이아몬드가 박힌 황금 그릇이었다. 그가 이 그릇을 받아든 후 그는 자신이 거주하는 폐허의 사원으로 돌아가고 있었다. 한 도둑이 그를 보고 자신의 눈을 의심했다. 한 거지가 눈부시게 빛나는 동냥 그릇을 갖고 있지 않은가? 이 거지는 벌거벗었지만 기품이 흐르고 있었다. 그리하여 도둑은 생각했다. ✤ '하지만 이 벌거벗은 사람에게 황금 그릇이 무슨 소용인가? 그가 이 그릇을 얼마나 오래 간직할 수 있겠는가? 틀림없이 누군가 빼앗아갈 것이다. 그러니 내가 선수를 치는 것이 좋겠다.' ✤ 그가 나가르주나의 뒤를 밟았다. 나가르주나가 벽만 남은 허름한 움막으로 들어갔을 때 사원 전체는 폐허가 되어 있었다. 도둑은 움막의 창문 밖에 앉아 기다렸다. 그는 불교 승려들이 하루에 한 끼만 먹는다는 것을 알고 있었다. '이제 그는 밥을 먹고 잠시 동안 잠을 잘 것이다. 그때 그릇을 훔치면 된다. 이 사원에는 아무도 살고 있지 않으니 들킬 염려도 없다.' 나가르주나가 밥을 먹고 그릇을 창문 밖으로 내던졌다. 바로 도둑이 앉아 있는 곳으로. 도둑은 믿을 수 없었다. 충격적인 일이었다. 잠시 동안 그는 어떻게 해야 할지 방법을 찾지 못했다. ✤ '무슨 이런 사람이 있는가? 그는 밥을 먹고 나서 이 값진 그릇을 아무 소용도 없다는 듯이 밖으로 내던졌다. 그것도 바로 내가 앉아 있는 자리에!' 그가 일어서서 나가르주나에게 물었다. "안으로 들어가 한 가지 물어도 되겠습니까?" 나가르주나가 말했다. ✤ "물론! 내가 그릇을 밖으로 던진 것은 그대를 불러들이려는 것이었다. 안으로 들어와라. 그릇은 그대의 것이니 염려하지 말라. 내가 그릇을 주었으니 그대는 도둑질을 한 것이 아니다. 그것은 내 선물이다. 나는 가난한 사람이기 때문에 가진 것이라곤 이 그릇밖에 없다. 그리고 나는 이 그릇을 오랫동안 갖고 있을 수도 없다 내가 잠자는 동안 틀림없이 누군가 훔쳐갈 것이기 때문이다. 그대는 이 그릇을 가지려고 많은 애를 썼다. 그대가 도시에서부터 나를 쫓아왔다는 것을 나는 다 알고 있다. 뜨거운 땡볕에 얼마나 힘이 들었느냐? 그러니 거절하지 말고 이 그릇을 가져라." 도둑이 말했다. ✤ "참으로 이상한 분이시군요. 당신은 이 그릇이 얼마나 비싼 것인지 모르십니까?" 나가르주나가 말했다. ✤ "나 자신을 깨닫게 된 이후로 값어치 나가는 것은 아무것도 없어졌다." 도둑이 나가르주나를 물끄러미 쳐다보더니 말했다. ✤ "그렇다면 제게 한 가지 더 주십시오. 자기 자신을 아는 것에 비하면 이 귀중한 그릇도 아무것도 아니라고요? 어떻게 하면 자기 자신을 알 수 있습니까? 그 방법을 가르쳐 주십시오." 나가르주나가 말했다. "그것은 아주 간단하다……." 이때 도둑이 말했다. "말씀하시기 전에 제가 유명한 도둑이라는 것을 알고 계십시오." ✤ "누가 아니랬는가? 그렇게 사소한 문제에 대해서는 신경쓰지 말아라. 사실, 세상에 도둑 아닌 사람이 어디에 있는가? 벌거벗은 채 태어나서 무엇인가 갖고 있으니 모두가 도둑이다. 그러니 염려하지 말아라. 내가 벌거벗은 이유가 여기에 있다. 그대가 도둑이라 해도 잘못된 것은 아무것도 없다. 그것은 완벽하게 옳다. 그대가 무엇을 하든 그 일에 충실하라. 다만 한 가지를 명심하라. 물건을 훔칠 때에 주의깊게 깨어 있어라. 이 주의깊은 의식을 잃어버리면 도둑질을 하지 말라. 이것이 단 하나의 규칙이다." 도둑이 말했다. "아주 간단하군요. 언제쯤이면 당신을 다시 뵐 수 있을까요?" 나가르주나가 말했다. "나는 2주 동안 여기에 머물 것이니 아무 때나 와도 좋다. 그러나 먼저 내 말대로 해보아라." ❀ 도둑은 2주 동안 나가르주나의 말대로 하려고 노력했다. 하지만 그는 이것이 세상에서 가장 어려운 일이라는 것을 깨달았다. 한 번은 큰 저택에 침입하여 금고 문을 여는 데까지 성공했었다. 그런데 보물을 꺼내려고 하는 순간, 그는 깨어 있는 의식을 상기시켰다. 그는 정직한 사람이었다. 그래서 보물을 그냥 두고 나왔다. 그는 아무것도 가지고 나올 수가 없었다. 이것이 어려운 점이었다. 의식이 깨어 있을 때에는 보물을 훔치고 싶은 욕망이 없었다. 결국 그가 빈손으로 나가르주나를 찾아왔다. ❀ "당신은 제 삶을 엉망으로 만들어 놓았습니다. 이제 저는 아무것도 훔칠 수 없습니다." 나가르주나가 말했다. "그것은 그대의 문제이지 내 문제가 아니다. 계속 도둑질을 하고 싶다면 깨어 있는 의식 따위는 잊어라." 도둑이 말했다. ❀ "하지만 의식이 깨어 있는 그 몇 순간은 너무나 소중한 경험이었습니다. 그렇게 평화롭고 행복한 적이 없었습니다. 세상의 보물 전부를 준다 해도 이 경험에 비교하면, 아무것도 아닙니다. 자기 자신을 아는 것보다 가치 있는 것은 없다고 당신은 말씀하셨습니다. 이제 저는 그 말이 무슨 뜻인지 알겠습니다. 이제 저는 깨어 있는 의식을 유지하려는 이 수련을 그만둘 수 없습니다. 저는 달콤한 감로수를 몇 방울 맛보았습니다. 당신은 이 감로수를 순간마다 맛보고 계시겠지요. 부디 저를 제자로 거두어 주십시오." 나가르주나가 말했다. ❀ "나는 그대를 처음 본 날부터 이렇게 될 줄 알았다. 그대가 내 뒤를 밟을 때 나는 이미 그대를 제자로 받아들였노라. 그대는 동냥 그릇을 훔칠 궁리를 하고 있었지만 나는 그대를 훔칠 궁리를 하고 있었다. 하여 우리는 똑같은 도둑이로구나!" [47]

빤지가니, 힌두교 사원의 쉬바 링가

옛날에 행복해지기를 원하는 부자가 있었다. 그는 행복해지려고 온갖 방법을 다 써보았지만 아무 소용이 없었다. 여기저기 성자들을 찾아가도 도움이 되지 않았다. 그런데 누군가 이렇게 권고했다. "물라 나스루딘에게 가보시오. 당신에게 도움을 줄 사람은 그분밖에 없을 것이오." ❀ 부자는 다이아몬드가 가득 든 가방을 갖고 가서 물라 나스루딘에게 보여주었다. 물라는 교외의 한적한 나무 밑에 앉아 쉬고 있었다. 부자가 말했다. "저는 아주 불행한 사람입니다. 저는 행복을 원하며, 그것을 위해서라면 어떤 대가도 치를 각오가 되어 있습니다. 죽을 날이 점점 가까워지는데 저는 지금까지 단 한 번도 행복이 무엇인지 느껴 본 적이 없습니다. 제발 저를 도와주십시오. 어떻게 해야 행복해질 수 있습니까? 저는 세상에서 얻을 수 있는 모든 것을 가졌지만 불행하기만 합니다. 왜 그렇습니까?" ❀ 물라는 사내의 얼굴을 물끄러미 쳐다보더니 갑자기 달려들어 가방을 낚아챈 줄행랑을 쳤다. 부자는 도대체 무슨 일인지 어안이 벙벙했다. 순식간에 일어난 일이었다. 퍼뜩 정신을 차린 사내가 허겁지겁 물라의 뒤를 쫓아가며 고래고래 소리를 질렀다. ❀ "저 사기꾼을 잡아라! 저 놈이 내 전 재산을 빼앗아갔다!" ❀ 물라는 그 도시를 샅샅이 알고 있었기 때문에 이 길 저 길로 미꾸라지처럼 도망쳤다. 게다가 부자는 평생 동안 뜀이라곤 해본 적이 없는 사람이었다. 도저히 물라를 뒤쫓을 수 없게 된 사내가 엉엉 울면서 소리쳤다. ❀ "평생 동안 모은 재산을 빼앗겼구나. 사람들이여, 제발 나 좀 도와주시오!" 사람들이 그의 뒤를 따라왔고 그는 절망하여 자신의 말이 서 있는 곳으로 돌아왔다. 그러나 그 자리엔 이미 물라가 돌아와 나무 밑에 앉아 있었다. 사내가 엉엉 울면서 오는 것을 보고 물라가 가방을 돌려주었다. 부자가 "오, 신이여, 감사합니다"라고 말하면서 기쁨의 눈물을 흘렸다. 물라가 말했다. ❀ "보아라, 나는 그대를 행복하게 만들었다. 이젠 행복이 무엇인지 알겠는가? 그대가 불행했던 것은 이 가방 때문이었다. 그래서 나는 그대에게서 가방을 빼앗아야 했다." ❀ 행복은 불행의 일부이다. 행복을 삶의 목표로 삼아서는 안 되는 이유가 여기에 있다. 행복해지기를 원한다면 그대는 불행한 상태에 남아 있어야 하기 때문이다. 불행한 상태에 있어야만 가끔씩, 아주 간혹, 행복의 순간이 느껴질 것이기 때문이다. 삶의 목표는 행복(happiness)이 아니라 지복(bliss)이다. 내게 행복이 무엇이냐고 묻지 말라. 이 질문은 그대가 행복을 추구한다는 것을 보여준다. 만일 이곳에서 행복을 찾고 있다면 그대는 장소를 잘못 택한 것이다. 행복을 원한다면 이곳에 있지 말고 물라 나스루딘에게 가라. ✿ 이곳에서의 나의 노력은 행복이 아니라 지복을 창조하기 위한 것이다. 행복은 아무 가치도 없다. 행복은 불행에 의존한다. 그러나 지복은 둘 다를 초월한다. 지복으로 충만한 사람은 행복과 불행이라는 이원성(二元性)을 초월한다. 그는 양쪽 모두를 주시한다. 행복이 오면 그는 행복을 주시할 뿐, 거기에 동요되지 않는다. 그는 "나는 행복하다. 오, 이 고요한 평화, 참으로 훌륭하도다." 하고 말하지 않는다. 그는 다만 주시하면서 "그래, 지금 흰 구름이 지나가고 있다"고 말할 뿐이다. ✿ 그 다음에 불행이 와도 그는 거기에 동요되지 않는다. 그는 "검은 구름이 지나가는구나. 나는 주시자, 지켜보는 자이다." 하고 말한다. ✿ 지켜보는 자가 되는 것, 이것이 명상의 전부이다. 성공이 오는가 하면 실패가 온다. 칭송받는 때가 있는가 하면 비난받는 때가 있다. 존경받을 때가 있고 모욕당할 때도 있다. 이 모든 것이 이원적인 것들이다. 그저 지켜 보라. 이원적인 것들을 지켜볼 때 제 3의 힘이 그대 안에서 솟아난다. 이때 그대 안에 제 3의 차원이 열린다. 이원성이란 두 개의 차원을 의미한다. 하나는 행복의 차원이고 다른 하나는 불행의 차원이다. 이 두 가지 차원 모두를 지켜볼 때 그대 안에 깊이가 생겨난다. 제 3의 차원, 주시, 사크쉬(sakshi, 순수한 주시;역주)가 생겨난다. ✿ 이 제 3의 차원이 지복을 가져다 준다. 지복은 그에 대응하는 반대극이 없다. 지복은 잔잔하고 고요하며 평온하다. 지복은 흥분 없는 엑스타지의 상태이다. 48

바울은 미친 사람을 의미한다. 바울(Baul)이란 말의 산스크리트 어원은 바툴(vatul)이다. 바툴은 '미친', '바람에 매혹된' 이란 의미이다. 바울은 어떤 종교에도 속하지 않는다. 바울은 힌두교인도 아니고 불교인도 아니며, 기독교인이나 모하메드교인도 아니다. 바울은 다만 인간일 뿐이다. 그들의 종교는 전체적이다. 그들은 어느 누구에게도 귀속되지 않는다. 다만 자기 자신에게 속할 뿐이다. 바울에게는 국가도, 종교도, 경전도 존재하지 않는다. 그들의 혁명 정신은 선사(禪師)들보다도 더 깊다. 왜냐하면 선사들은 적어도 형식상으론 불교인이며 붓다를 숭배하기 때문이다.

형식적인 면에서 보면, 선사들도 경전을 갖는다. 그것이 경전을 버리라고 말하는 경전이라 할지라도 경전은 경전이다. 적어도 선사들은 불태울 몇 권의 경전을 갖는다.

바울에게는 경전이 없다. 그들에겐 불태울 경전조차 없는 것이다. 또한 사원도 없다. 바울은 항상 길 위에 산다. 그들에겐 집이 없다. 주소도 없다. 신이 유일한 주소이며 하늘이 그들의 움막이다. 그들이 가진 것이라곤 애크타라(aektara)라고 불려지는 외줄 악기와, 반구형의 작은 북, 그리고 담요 한 장이 전부이다. 그들은 한 손으론 악기를 연주하고 다른 한 손으로는 북을 두드린다. 그들은 몸에 북을 매달고 춤춘다. 그것이 그들 종교의 모든 것이다.

춤이 그들의 종교이고 노래가 곧 그들의 찬양이다. 그들은 신이라는 말조차 사용하지 않는다. 그들은 신이라는 말 대신에 '아드하르 마누쉬(Adhar Manush)'라는 말을 사용한다. 그 의미는 '본질적인 인간'이라는 뜻이다. 바울은 인간을 찬양한다. 그들은 모든 사람의 내면에 본질적인 존재가 있다고 말한다. 그 본질적인 존재, 아드하르 마누쉬를 발견하는 것이 탐구의 전부이다.

신은 그대의 내면을 제외한 다른 곳에 있는 것이 아니다. 그러므로 사원을 지을 필요가 없다. 그대가 이미 신의 사원이기 때문이다. 그리하여 모든 탐구는 내면을 향해야 한다. 노래와 춤의 물결을 타고 바울은 내면을 향해 흐른다. [49]

가르기(Gargi)는 5천 년 전쯤, 우파니샤드가 쓰여지고 있을 당시에 살던 여성이다. 그 당시 인류는 어린아이와 같은 시대이어서 여성을 야만적으로 대하지 않았다. ✤ 그 시대에 황제는 해마다 지혜로운 사람들을 초청하여 경연 대회를 열었다. 그는 아주 철학적인 마음의 소유자였다. 사실, 깨달은 사람들은 아무도 그 경연 대회에 참가하지 않았다. 그들이 보기에 경연 대회는 아주 유치했기 때문이다. 해마다 황제는 승자에게 소 천 마리를 상으로 주겠다고 발표했다. 그 소들은 다이아몬드가 박힌 황금 뿔을 갖고 있었다. 그 당시 가장 학식있는 사람으로 명성을 떨친 야그나발키야(Yagnavalkya)라는 사람이 있었다. 그는 자신의 승리를 확신했다. 토론이 벌어질 경연장으로 들어서자마자 천 마리의 소가 눈에 띄었다. 다이아몬드가 박힌 황금의 뿔들이 햇살 아래 휘황찬란하게 빛나고 있었다. 그가 제자들에게 말했다. ✤ "너희들은 저 소를 데리고 나가라. 이 가엾은 소들을 뜨거운 햇살 아래 세워 둘 필요가 없다." 제자들이 말했다. "하지만 대회가 끝나고 스승님께서 승자로 선포되고 난 다음에……." "걱정하지 마라. 그 일은 내가 알아서 할 것이다." ✤ 황제도 그를 막을 수 없었다. 그 자리에는 수천 명의 현자들이 운집해 있었지만 아무도 그를 제지하지 못했다. 토론에서 그를 이기는 것은 불가능하다는 것을 그들 모두가 알고 있었기 때문이다. 그의 제자들이 소를 끌고 나갔다. 그리고 그가 승자로 선포되려는 찰나, '가르기'라는 이름을 가진 한 여자가 경연장 안으로 들어왔다. 그녀는 대회에 참여한 남편을 기다리다가 늦도록 나오지 않자 안으로 들어온 것이다. 그녀는 승자가 선포되기도 전에 소들을 밖으로 끌어낸 것을 알고 있었다. 그녀가 황제에게 말했다. ✤ "그의 승리를 선포하기에는 아직 이릅니다. 저는 남편을 찾다가 우연히 이곳에 오게 되었습니다. '야그나발키야'라는 이 사람은 진정으로 아는 사람을 만날 필요가 있습니다. 그는 학식있는 사람이지만 학식이 있다는 것과 진리를 아는 것은 다른 문제입니다. 저는 이 사람과 토론하고 싶습니다." ✤ 참으로 아름다운 시대였다. 이름 없는 아녀자도 학식

높은 남자에게 도전할 수 있었던 시대였으니. 황제가 말했다. "그렇다면 기다릴 테니 그와 토론하도록 하시오." 그녀는 야그나발키야에게 아주 간단한 질문을 던졌다. ❧ "누가 세상을 창조했나요?" 야그나발키야는 이 여자가 유치한 질문을 던진다고 생각하며 웃음을 터뜨렸다. 그러나 이것은 그의 오산이었다. 그가 말했다. ❧ "신이 세상을 창조했소. 존재하는 모든 것은 누군가에 의해 창조되어야만 존재할 수 있기 때문입니다." 이번에는 가르기가 웃음을 터뜨렸다. 그녀가 말했다. ❧ "당신은 덫에 걸렸어요. 이제 당신은 딜레마에 빠졌습니다. 존재하는 모든 것이 창조자를 필요로 한다면 신을 창조한 것은 누구이지요?" 그제야 야그나발키야는 자신이 함정에 빠진 것을 알았다. 다른 신이 그 신을 창조했다고 말한다 해도 문제는 해결되지 않는다. 그 다른 신은 또 누가 창조했는가? 수천 번을 대답해도 똑같은 질문이 계속될 것이다. 첫 번째 신은 누가 창조했는가? 만일 누군가 그를 창조했다면 그는 첫 번째 신이 될 수 없다. 야그나발키야가 격분해서 칼을 뽑아 들고 외쳤다. "당장 질문을 그만두지 않으면 목을 쳐버리겠다!" 가르기가 말했다. ❧ "어서 그 칼을 다시 칼집에 꽂으세요 칼은 토론의 수단이 아닙니다!" 그녀가 황제에게 말했다. "자, 이 사내에게 천 마리의 소를 다시 데려오라고 명령하십시오." ❧ 천 마리의 소는 가르기가 차지했으며, 이 일에 큰 모욕을 느낀 야그나발키야는 이후로 어떤 토론에도 참여하지 않았다고 한다. 그녀는 역사적으로 알려진 최초로 깨달은 여성이다. 50

인 도는 여성적인 나라이며, 지금도 여성적인 나라로 남아 있다. 인도의 영혼은 여성적이다. 독일이나 미국 같은 나라들하고는 정반대이다. 그런 나라들은 남성적이지만 인도는 영혼 자체가 여성적이다. 인도 가 공격적이지 않은 이유가 여기에 있다. 인도는 역사상 단 한 번도 공격적이 었던 때가 없었다. 인도에서 폭력은 올바른 길이 아니었기 때문이다.

인도의 역사 전체가 비폭력적이다. 인도의 역사를 살펴보라. 아주 놀라운 사실 이 드러날 것이다. 세상의 어떤 나라도 인도만큼 여성적인 나라는 존재하지 않 는다. 이것은 인도에게 불행으로 작용하기도 했다.

세상 전체가 남성적인 특성을 갖고 있어서 세상 전체가 공격적이고 폭력적이 지만 인도만이 공격적이거나 폭력적이지 않다. 그리하여 지난 수천 년 동안의 인도 역사는 고통과 역경으로 점철되어 있다. 그러나 이런 사실이 미래에는 축 복으로 작용할 수도 있다. 남성적인 특성 아래 발전되어 온 나라들은 점점 더 자멸의 순간에 가까워지고 있기 때문이다.

남성의 마음은 공격적이고 폭력적이다. 남성적인 마음 아래 발전한 서양의 국 가들 모두가 전쟁을 겪어 왔다. 그들은 최후의 전면전, 마지막 전쟁을 향해 달 려가고 있다. 이제 그들에게는 맞붙어 싸우느냐, 아니면 전멸당하느냐 하는 것 외에 다른 선택의 여지가 없는 것처럼 보인다.

역사의 수레바퀴가 방향을 틀어야 한다. 이것이 단 하나의 해결책이다. 남성적 인 문명이 막을 내리고 새로운 장이 열려야 한다. 이 새로운 문명은 여성적인 마음에 의해 창조될 것이다. 51

코끼리빠, 탄트라의 84 형상 가운데 하나

동양에서는 합장(合掌)을 하고 인사한다. 그런데 서양에서는 악수로 인사한다. 여기에 어떤 차이점이 있을까? 양손을 포개어 인사하는 것은 "나는 당신 안에 깃든 신성(神性)에 절합니다"라고 말하는 것이다. 그러나 상대방의 손을 잡고 흔들 때에는 신성이 개입되지 않는다. 사실, 악수는 "나는 오른손에 아무런 무기도 갖고 있지 않다. 나는 당신의 적이 아니다"라는 것을 확인시켜 주기 위해 개발되었을 뿐이다. 그대는 팔을 내밀고 오른손이 비어 있다는 것을 보여준다. 이것은 "나는 당신의 적이 아니다"라고 말하는 것이다. 기껏해야 이런 의미밖에 없다. 이것은 상대편도 마찬가지이다. 그렇기 때문에 서로 손을 잡고 흔드는 것이다. 여기엔 아무런 신비함도 없다. 그저 하나의 전략이고 외교 전술일 뿐이다. 오른손은 위험하다. 이 손이 무기를 잡을지도 모르기 때문이다. 그러므로 상대방의 오른손이 비어 있다는 것을 분명하게 확인하고 꽉 잡지 않고서는 그 누구도 믿을 수 없는 것이다. 상대방이 나를 속일 수도 있다. 서양에서 나온 이 악수법은 불신 때문에 생긴 것이다. 이제 서양의 역사 학자들은 악수의 기원이 이렇다는 점에 동의하고 있다.

그러나 양손을 포개어 절하는 것은 전혀 다른 차원이다. 이것은 전혀 다른 맥락에서 나온 인사법이다. 이 인사법은 그대에게 존경받고 있다는 느낌을 준다. 평범한 방식이 아니라 최상의 방법으로 존중받는다는 느낌을 준다. 이것은 그대 자신에게 신성함을 상기시킨다. 합장한 손은 그대의 에고에 대한 것이 아니다. 그 손은 그대 안에 숨은 미지의 어떤 것, 그대의 에고를 넘어선 어떤 것, 그대의 본질, 영혼 자체에 대한 존중을 의미한다. 두 번째로, 합장한 손은 "나는 미지근한 태도가 아니라 가슴 전체로 그대에게 절합니다. 분열된 인격체가 아니라 나의 양쪽 부분 모두를 동원하여, 아무것도 뒤에 감추지 않고 중심으로 그대에게 절합니다"라는 의미를 갖고 있다.
악수는 한 손만 사용한다. 이것은 한 쪽 부분, 그대의 절반을 대표한다. 나머지 절반은 어떤가? 어쩌면 나머지 절반은 우정의 악수를 하기 위해 내민 손과 동일하지 않을지도 모른다. 이것은 분열되고 미지근한 환영이다.

그대는 이것을 느낄 수 있다. 어떤 사람과 악수를 할 때 손이 따스한지 차가운지, 생명력이 넘치는지 아니면 죽은 나뭇가지처럼 굳어 있는지. 한 쪽만 내민 손은 따뜻할 수가 없다. 그 손은 살아 있지 못하다. 그것은 그저 형식적인 인사법일 뿐이다. 아무런 깊이도 없는 것이다. 하지만 가끔씩 그대는 따스한 손을 발견한다. 흔히 이것은 그가 다른 손마저 내미는 경우에 있는 일이다. 두 손이 함께 있을 경우이다. 두 손을 포개는 것……. 동양에서는 절대자에게 경배 드리는 것과 마찬가지로 두 손을 합장하고 사람을 맞는다. 신에게 인사를 하건 사람에게 인사를 하건 아무런 차이도 없다. 똑같이 양손을 포개어 인사한다. [52]

인도는 한 번도 자연을 정복하려고 하지 않았다. 실제로, 인도는 어느 누구도 정복하려고 시도한 적이 없다. 인도인의 마음속에는 정복이라는 개념 자체가 뚫고 들어오지 못했다. 설령 누군가 다른 사람을 정복하려고 조금만 노력해도 인도의 영혼은 이 사람을 편들지 않았다. [53]

체계적 훈련(discipline)에 의해 생긴 힘은 불순하다. 우리가 불순한 힘을 사용하기 원할 때마다 정치, 법률, 군대 등에 의해 훈련을 강요해야 하는 까닭이 여기에 있다. 문제를 억누르려고 할 때마다 우리는 더 큰 문제로 그 문제를 덮어버린다. 이것을 '불순한 힘'이라고 부른다. 이 힘은 훈련을 통해 얻어진다.

히틀러가 그렇게 문제를 일으킬 수 있었던 것은 훈련받은 독일 국민이 있었기 때문이다. 인도에서는 어느 누구도 그런 힘을 가질 수 없다. 온갖 방법을 동원해도 인도에서는 그런 문제를 일으킬 수 없다. 인도인들을 훈련시키는 것 자체가 불가능하기 때문이다. 독일 사회의 힘은 훈련될 수 있는 능력에 기초한다.

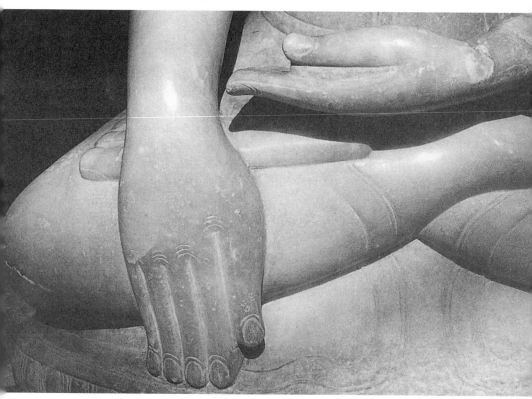

자비의 무드라

이것이 독일인들이 항상 위험요소로 남아 있는 이유이다. 독일은 항상 문제를 일으킬 소지가 있다. 강력하게 이끌어 줄 지도자만 나타나면 그들은 철저하게 훈련된 집단으로서 즉각 반응을 보일 것이다. 이런 훈련은 독일 사회의 저변에 깊이 뿌리 박혀 있다.

그러나 인도인들의 피 속에는 어떤 훈련도 없다. 이것은 다행한 일이다. 이로 인해 얼마나 많은 고통을 받아 왔던지 그것과 상관없이, 인도인들은 다른 사람들을 고통스럽게 만들려고 하지 않았다. 우리는 노예의 시련을 감수하면서도 다른 사람을 노예화시키려고 하지 않았다. 다른 사람들을 노예로 만들기 위해서는 먼저 그대 쪽에서 많은 훈련을 받아야 한다. 그들은 그런 능력을 연마하지 않았다. 이 나라는 왜 그런 훈련을 쌓지 않았을까? 그 이유는 이 나라의 영적인 스승들이 이런 훈련에 조금도 관심이 없었기 때문이고 대중들은 이 스승들을 따랐기 때문이다. 인도인들에게 있어서 히틀러는 따라야 할 표본이 아니다. 나폴레옹, 징기스칸, 타멀레인(Tamerlane) 같은 인물은 인도인의 우상이 될 수 없다. 인도의 역사를 돌이켜 보면, 인도인들은 징기스칸, 타멀레인, 히틀러, 뭇솔리니, 스탈린, 모택동과 비교될 만한 인물을 단 한 명도 낳지 않았다. 오천 년이나 되는 장구한 역사, 이토록 큰 나라에서 그들은 단 한 명의 징기스칸도 배출하지 않았다. 그들은 그런 일을 할 수 없었다. 그렇게 정상에 오른 인물을 배출하기 위해서는 훈련이라는 기초가 필요하기 때문이다.

인도는 붓다, 마하비라, 파탄잘리 같은 인물을 배출했다. 이들은 전혀 다른 유형의 사람들이었다. 그들은 어떠한 훈련도 제시하지 않는다. 이런 사람들은 모든 훈련으로부터 자유롭다. 그들은 예측이 불가능하다. 그들이 무엇을 말할지, 어떻게 행동할지 아무도 예측할 수 없다. 인도는 전혀 다른 일을 해냈다. 언젠가는 이 경험이 세상 전체에 도움이 될 것이다. 54

인 도는 다른 나라를 침공한 적이 없다. 한 번도 공격적이거나 폭력적이지 않았다. 더 거대한 나라가 되려는 욕망도 없었다. 그리하여 인도는 제국주의를 꿈꾸지 않았다. 오히려 인도는 많은 민족에 의해 침공당했다. 지난 2천 년 동안 인도는 훈족, 터키족, 몽고족, 영국, 포르투갈, 프랑스의 지배 아래 노예 국가가 되었다. 그저 아무 나라 이름이나 갖다 붙이면 될 정도로 인도는 온갖 민족에게 침략당했다. 이렇게 광대한 나라, 거의 하나의 대륙에 가까운 이 나라가 왜 그토록 쉽게 정복당했을까? 그 이유는 간단하다. 그들은 싸움에 관심이 없었다. 작은 나라 사람들……, 영국을 보라. 영국은 인도의 한 주(州)도 안 된다. 인구를 보라. 인도인 전체가 동시에 오줌을 갈기면 영국은 가라앉고 말 것이다. 핵폭탄도 필요없다…….

인도는 이토록 거대한 나라이다. 8억의 인구……, 이 인구가 얼마나 많은지 추측해 보라. 서로의 어깨를 올라타기만 하면 쉽게 달에 닿을 수 있다. 그런데 터키족, 몽고족 등의 소수 민족이 인도를 정복했다.

그러나 실제적으로 보면 이것은 올바른 역사가 아니다. 인도는 어느 누구에게도 정복된 적이 없다. 그저 아무나 침략하도록 길을 내주고 허용했을 뿐이다. 인도는 침략자들을 환영했다. 나라 전체가 평화로웠으며, 충분한 식량과 충분한 공간이 있었다. 몇 사람 더 들어와 산다고 해서 무엇이 문제인가? 나누어 주기에 충분한 땅이 있었던 것이다. 이 평화로운 사람들, 남을 공격하려는 욕망이 없는 사람들은 2천 년 동안 노예로 살았다. 그 이유는 간단하다. 그들은 싸움에 관심이 없었기 때문이다. 55

133

이제 세상은 특정한 지점에 도달했다. 이것은 '행위'를 대하는 서양적 태도, 항상 행위를 칭송하고 무위(無爲)를 비난하는 서양적 접근 방식 때문이다. 이 시점에서 동양은 엄청난 도움을 줄 수 있다. 행위는 좋다. 행위는 필요한 것이다. 그러나 행위가 전부는 아니다. 행위는 그대에게 세속적인 것을 줄 뿐이다. 삶에서 더 가치 있는 것들은 그대의 행위가 닿을 수 없는 곳에 있다. 그대는 침묵하는 법을 배워야 한다. 활짝 열린 가슴, 기도하는 태도, 그대 자신이 무르익으면 존재계가 알아서 그대를 채워줄 것이라는 믿음을 배워야 한다. 그대의 침묵이 완성되면 존재계는 축복으로 그대를 채워줄 것이다. 꽃이 그대 위에 쏟아져 내릴 것이다. 다만 그대가 비행위자, 아무것도 아닌 사람, 무(無)가 되어야 한다. 사랑, 진리, 자비, 감사함, 기도, 신 등의 삶에서 진정한 가치가 있는 것들은 무(無)를 통해서만 일어난다. 절대적인 침묵과 수용성이 깃든 가슴을 통해서만 이런 일이 일어난다. ❦ 그런데 서양은 행위에 너무 깊은 뿌리를 지니고 있다. 비행위를 배우기에 충분한 시간조차 없는 것 같다. 인도가 어떤 나라도 침공한 적이 없다는 것을 알면 그대는 놀랄 것이다. 인도는 세상의 거의 모든 나라들에게 침략당했다. 인도를 침략하는 것은 세상에서 가장 쉬운 일이었다. 인도에 용기 있는 사람들이나 전사(戰士)가 없었던 것이 아니다. 다만 다른 사람들의 영토를 침략한다는 생각 자체를 추하게 여겼을 뿐이다. ❦ 이슬람교의 정복자인 모하메드 가우리(Mohammed Gauri)는 인도를 열여덟 번이나 침략했지만 그때마다 위대한 전사인 프리드비라즈(Prithviraj)왕에게 패퇴당했다. 가우리가 도망갔지만 프리드비라즈는 가우리의 영토로 쫓아 들어가지 않았다. 여러 사람들이 이렇게 말했다. ❦ "이것은 말도 안 됩니다. 그 자는 몇 년 안에 군대를 모아 다시 침략할 것입니다. 이 기회에 그를 추격하여 그를 완전히 끝내버리는 것이 낫습니다. 폐하께서는 지금까지 계속 승리를 거두셨습니다. 이제 조금만 더 진군하시면 됩니다. 그는 인도 변방의 작은 나라로 쫓겨갔습니다. 그 나라를 쳐들어가 끝장 내십시오! 그렇지 않으면 그는 골칫덩어리가 될 것입니다." 프리드비라즈가 말했다. ❧ "그것은 우리나라의 존엄성에 역행하는 일이다. 지금까지 우리는 다른 나라를 침략한 적이 없다. 그를 내쫓는 것만으로도 충분하다. 그리고 그는 여러 번 패하고도 다시 쳐들어올 정도로 용감한 사내이다!" 모하메드 가우리는 열여덟 번째로 패배하여 군대가 모두 궤멸당했다. 그는 동굴 속에 은신하여 '이제 어떻게 할 것인가?'를 생각하고 있었다. 이때 그는 거미가 그물을 치는 것을 보았다. 달리 할 일이 없었으므로 그는 거미를 관찰했다. 거미는 거듭해서 실패했다. 그러나 정확하게 열여덟 번을 실패하고 열 아홉 번째에 드디어 그물을 만드는 데 성공했다. 이것이 모하메드 가우리에게 용기를 주었다. ❧ '마지막으로 한 번만 더 해보자. 이 거미는 열여덟을 실패하고도 용기를 잃지 않았다. 그러니 내가 왜 실의에 빠진단 말인가?' ❧ 그가 다시 군대를 모아 열아홉 번째로 인도를 침공했으며 프리드비라즈를 꺾는 데 성공했다. 프리드비라즈는 평생 동안 전쟁을 치르면서 이미 노인이 되어 있었다. 그의 군대는 궤멸당했다. 그는 수갑과 족쇄를 차고 감옥에 갇혔다. 이것은 동양의 방식에 절대적으로 어긋나는 대접이었다. 또 하나의 왕인 포라스(Poras)가 알렉산더 대왕에게 패해서 수갑과 족쇄를 차고 끌려갔을 때 알렉산더가 물었다. "당신을 어떻게 처리했으면 좋겠는가?" 포라스가 말했다. ❧ "그것을 내가 꼭 말로 해야 아는가? 황제는 황제로 대접받아야 한다!" 알렉산더의 재판정에 잠시 정적이 흘렀다. 포라스는 이렇게 말할 자격이 있었다. 그의 패배는 진짜 패배가 아니었기 때문이다. 그가 패한 것은 알렉산더의 교활한 술수 때문이었다. 알렉산더는 자신의 아내를 보내 포라스를 만나게 했다. 포라스는 강 건너편에 진을 치고 있었다. 인도에는 여자가 남자 형제의 손목에 작은 실을 묶어 주는 풍습이 있다. 이것은 '락샤반단(Rakshabandhan)'이라고 불리는 데 남자가 누이에게 "내가 너를 지켜 주겠다"는 의미를 담고 있다. 그때가 바로 이 풍습이 행해지는 시기였다. 포라스를 찾아간 알렉산더의 부인은 여왕처럼 극진하게 대접받았다. 포라스가 직접 마중을 나와 말했다. ✤ "왜 몸소 오셨소? 미리 연락을 주었다면 내가 그쪽 진영으로 갔을 텐데……." 이것이 동양의 풍습이었다. 해가 지면 사람들은 서로의 진영을 왕래했다. 적진으로 들어간 것이다. 그들은 서로 모여 앉아 오늘 하루가 어땠는지, 누가 죽었는지, 무슨 일이 벌어졌는지 이야기했다. 그것은 마치 축구 경기 같은 게임이었다. 아무도 심각하게 여기지 않았다. 여자가 말했다. ✤ "제가 이곳에 온 것은 남자 형제가 없기 때문입니다. 이곳에서 '락샤반단' 이라는 관습에 대해 듣고 저는 당신과 남매가 되기를 원했습니다." 포라스가 말했다. "좋소. 마침 내게도 누이가 없으니." 그래서 그녀가 포라스의 손목에 실을 묶어 주고 말했다. ✤ "전쟁에서 어떤 일이 벌어지든지 알렉산더는 제 남편이라는 것을 잊지 마세요. 그는 당신의 매부(妹夫)입니다. 당신은 누이동생이 과부가 되는 것을 원치 않겠지요? 이것을 명심하세요." 이런 일이 있은 후, 전투중에 알렉산더의 말이 포라스의 창에 찔려서 죽고, 알렉산더가 땅에 굴러 떨어졌다. 포라스가 알렉산더를 찌르려고 덮쳤다. 창을 높이 들고 알렉산더의 가슴을 찌르려는 찰나, 그는 자신의 손목에 묶인 실을 보았다. 그가 동작을 멈추자 알렉산더가 말했다. "왜 멈추는가? 나를 죽일 수 있는 기회가 왔다!" 포라스가 말했다. ✤ "나는 당신의 부인과 약속을 했다. 나는 왕국을 포기할지언정 약속을 깰 수는 없다. 당신의 부인은 나의 누이이다. 나는 누이가 과부가 되는 것을 원치 않는다!" 그리고 나서 포라스는 돌아갔다. 그런데 이런 사람을 알렉산더는 마치 살인자라도 되는 것처럼 대접했다. 알렉산더는 포라스에게 물었다.

"당신을 어떻게 처리했으면 좋겠는가?" 포라스가 대답했다. ✤ "황제가 다른 황제를 대하는 것처럼 나를 대하라! 내가 창을 거두지 않았다면 당신은 지금처럼 살아 있지 못했을 것이다. 그 일을 잊었는가? 당신이 목숨을 건진 것은 순전히 당신의 부인 때문이라는 것을." 그러나 그것은 교활한 음모였다. 동양은 이런 계략에 대해 생각조차 하지 않는다. 모하메드 가우리는 프리드비라즈를 감옥에 가두었다. 프리드비라즈는 그 당시 가장 훌륭한 궁수(弓手)였다. 그런데 가우리가 처음으로 한 일은 프리드비라즈의 양 눈을 뽑는 것이었다. 프리드비라즈의 친구 또한 함께 생포되었는데, 그는 시인이었다. 프리드비라즈가 그에게 말했다. ❧ "그대는 나와 함께 재판정에 나가자. 우리의 언어를 아무도 이해하지 못할 것이다. 표적을 맞추는 데 눈은 필요없다. 그가 어디쯤에 앉아 있는지 설명만 해달라." 모하메드 가우리는 프리드비라즈가 너무나 두려웠기 때문에 평소와는 달리 2층의 발코니에 앉아 있었다. 그리고 재판정은 1층에 있었다. 시인인 찬드라바르다이(Chandrabardai)는 가우리가 몇 피트 위에 앉아 있는지, 거리가 얼마나 되는지 노래를 통해 설명했다. 그리고 이 설명을 듣고 프리드비라즈는 정확하게 가우리의 심장에 화살을 꽂았다. 그러나 찬드라바르다이는 무척 궁금했다. 맹인인 프리드비라즈의 눈에서 눈물이 흘러나오고 있었기 때문이다. 프리드비라즈가 눈물을 흘리며 말했다. ❧ "이것은 옳은 일이 아니다. 이 가우리 때문에 나는 어쩔 수 없이 우리의 전통에 어긋나는 일을 범하고 말았다." 동양은 전혀 다른 방식으로 행동한다. 서양이 동양에서 배울 수 있는 가장 중요한 것은 "위대한 모든 일은 무위(無爲)와 비공격성에서 나온다."는 사실이다. 모든 행위는 기본적으로 공격성을 내포하고 있다. 무심의 상태에 있을 때에만 그대는 비공격적이다. 이때 그대는 수용적이다. 이 수용적인 순간에 존재계 전체가 온갖 보물을 그대에게 쏟아붓는다. 56

알렉산더가 인도에 머물 당시, 단다니(Dandani)라는 산야신(sannyasin)이 있었다. 알렉산더가 인도를 향해 떠날 때 그의 친구들은 산야신을 데리고 돌아오라고 부탁했다. "산야신은 인도에만 피어나는 보기 드문 꽃이라고 합니다. 우리는 이 산야신들이 어떤 사람들인지 보고 싶습니다." ✤ 조국으로 돌아가면서 알렉산더는 이 부탁을 떠올렸다. 그는 즉각 병사들을 풀어 근처에 산야신이 있으면 잡아오라고 명령했다. 우연히도 단다니가 그 마을의 강가에 머물고 있었다. 마을 사람들이 알렉산더에게 말했다. "때맞춰 잘 왔습니다. 진짜 산야신은 아주 보기 드뭅니다. 그런데 마침 그런 분이 여기에 와 계십니다. 당신은 그분과 다르샨(darshan)을 가질 수 있습니다. 가서 그분을 만나보십시오." ✤ 알렉산더가 웃음을 터뜨리며 말했다. "나는 다르샨을 가지려고 여기에 온 것이 아니다. 나의 병사들이 그를 데려오면, 나는 그를 내 나라로 데려가겠다." 마을 사람들이 말했다. "그렇게 쉽지 않을 텐데……" ✤ 그러나 알렉산더는 이 말을 믿지 않았다. 무엇이 어렵단 말인가? 그는 무수한 왕과 황제를 정복한 사람이다. 그런데 일개 거지에 불과한 산야신을 데려오는 것이 무엇이 어렵겠는가? 병사들이 단다니를 데리러 갔다. 단다니는 벌거벗은 채 강둑에 서 있었다. 병사들이 말했다. "알렉산더 대왕께서 그의 나라로 동행하도록 당신을 초청하십니다. 모든 편의가 제공될 것입니다. 당신은 그곳에서 귀빈 대접을 받을 것입니다." 그러나 벌거벗은 파키르(fakir)인 단다니가 웃으며 말했다. "가서 그대들의 군주에게 '스스로를 위대하다고 칭하는 자는 위대하지 않다'고 전하라. 아무도 나를 데려갈 수 없다. 산야신은 구름처럼 자유롭게 떠다니는 사람이다. 나는 어느 누구의 노예도 아니다." ✤ 병사들이 말했다. "하지만 알렉산더 대왕님은 아주 무서운 분입니다. 그런 말은 아무 소용이 없습니다. 만약 거절한다면, 그는 당신의 목을 베어 버릴 것입니다." 단다니가 말했다. ✤ "그렇다면 그를 이곳으로 데리고 오는 것이 좋겠다. 어쩌면 그는 내 말이 무슨 뜻인지 이해할지도 모른다." 병사들이 돌아와 알렉산더에게 말했다. "그는 보기 드문 사람입니다. 그의 주변에는 알 수 없는 야릇한 분위기가 감돌고 있었습니다. 그는 벌거벗었지만 그의 현존 앞에서는 그것을 전혀 느낄 수 없습니다. 나중에서야 그가 알몸이었다는 것을 기억해 낼 수 있습니다. 그의 현존은 너무나 강력하기 때문에 온 세상을 까맣게 잊어버립니다. 그는 자석처럼 강력한 힘을 갖고 있습니다. 거대한 침묵이 그를 감싸고 있으며, 주변에 있는 모든 것이 그의 존재로 인해 환희에 들떠 있는 것 같습니다. 그는 만나 볼 만한 가치가 있는 인물입니다. 하지만 그는 '아무도 나를 데려갈 수 없다. 나는 어느 누구의 종도 아니다'라고 말합니다." 이 말을 듣고 격분한 알렉산더가 칼을 빼어들고 그를 만나러 갔다. 단다니가 웃음을 터뜨리며 말했다. ❦ "칼을 거두어라. 이곳에서는 칼이 소용없다. 그대는 내 몸을 벨 수 있겠지만 나는 몸을 떠난 지 오래다. 그러니 칼을 집어넣어라. 유치하게 굴지 말아라!" 알렉산더가 다른 사람의 명령에 따른 것은 이때가 처음이었다고 한다. 그는 이 산야신의 현존 앞에서 자신이 황제라는 것을 잊었다. 그가 칼을 칼집에 꽂고 말했다. ❦ "나는 이토록 아름다운 사람을 만난 적이 없다." 집으로 돌아와 알렉산더는 이렇게 말했다. ❦ "죽을 준비가 된 사람을 죽이는 것은 어려운 일이다. 그런 사람을 죽이는 것은 무의미하다. 싸우려고 덤비는 사람을 죽일 수는 있다. 그것은 어떤 의미가 있는 것이다. 그러나 기꺼이 죽을 준비가 된 사람, '자, 여기 내 머리가 있으니 원한다면 베어 가져라.' 하고 말하는 사람을 죽일 수는 없었다." 알렉산더는 그의 친구들에게 이렇게 보고해야 했다.

"나는 진실로 보기 드문 사람을 만났다. 그대들이 들은 대로 이 산야신은 보기 드문 꽃과 같다. 그 말은 옳다. 그러나 그를 강요하는 것은 불가능하다. 그는 죽음을 두려워하지 않기 때문이다." ❦ 죽음을 두려워하지 않는 사람에게 무엇을 강요할 수 있겠는가? 그대가 노예가 되는 것은 두려움 때문이다. 공포가 그대를 노예로 만든다. 실제로, 그대가 다른 사람을 노예로 만드는 것도 두려움 때문이다. 상대방이 그대를 노예로 만들기 전에 선수(先手)를 치는 것이다. 두려움이 없는 사람은 아무도 두려워하지 않는다. 또한 아무에게도 두려움을 심어주지 않는다. 두려움이라는 현상이 완전히 사라진다. 57

다섯,
돌에 새겨진 가르침,
그 침묵의 노래

동양에서 동상은 단순히 동상이 아니다.
그것은 다음 세대를 위한
암호문으로 만들어진 것이다.

신 비주의자들 또한 무엇인가 창조한다. 붓다는 말로 창조한다. 그는 언어로 조각품을 만든다. 그는 세상에 통찰력을 가져다 주는 우화와 이야기들을 만들어 낸다. 그는 수를 놓듯이 여러 이야기들을 짜맞춘다. 그러나 이것은 광적인 집착이 아니다. 그는 완벽하게 평온하다. 원하기만 하면 그는 언제든지 침묵할 수 있다. 그는 미치지 않을 것이다. 그는 자신이 무엇을 하는지 정확하게 안다. 이런 이유 때문에 이것은 '객관적 예술(objective art)' 이라고 불려진다. 그는 자신이 무엇을 하고 있는지 안다. 그리고 이것이 사람들에게 어떤 영향을 미칠지도 안다. 그는 이 특별한 것에 대해 명상하면 어떤 결과가 나올지도 분명하게 알고 있다. 이것은 철저하게 과학적인 것이다.

불상(佛像)을 보고 명상하면 돌연 그대는 평온해지고 고요해지는 것을 느낄 것이다. 그대는 갑자기 일종의 평정이 찾아오는 것을 느낄 것이다. 불상 앞에서 명상하는 것만으로 이런 일이 일어난다. 또는 타지마할(Taj Mahal)에서 명상해 보라. 타지마할은 수피(sufi)들이 만든 예술품이다. 거기엔 사랑의 메시지가 담겨 있다. 보름날 밤에 그곳에 가서 앉아 보라. 타지마할에 대해 생각하거나 "정말 아름답군!" 하는 어리석은 소리를 내뱉지 말아라. 그저 앉아서 명상해 보라. 엄청난 통찰력이 일어나는 것을 느낄 것이다. 보름달이 뜨면서 그대 안에도 무엇인가 떠오를 것이다. 도시의 소음이 사라짐과 동시에 그대 마음속의 소음 또한 사라질 것이다. 타지마할을 통해 훌륭한 명상을 체험할 수 있다.

이것은 단순히 명상적인 체험이 아니다. 이것이 타지마할과 아잔타(Ajanta)의 차이점이다. 타지마할에서는 명상이 일어남과 동시에 사랑이 흘러 넘치는 것을 느낄 것이다. 그러나 아잔타에서는 사랑이 일어나지 않을 것이다. 오직 명상만이 일어날 것이다. 아잔타 석굴은 의식의 각성 외에 아무것도 믿지 않았던 불교 신비주의자들에 의해 만들어졌기 때문이다. 그러나 수피들은 사랑을 믿는다. 명상은 그 사랑의 일부이다.

객관적 예술품은 자신이 무엇을 하는지 아는 사람들에 의해 의도적으로 만들어진 작품이다. 그들은 다른 차원에서 이 세상으로 무엇인가 가져온다. 그들이 만든 형상을 관찰해 보라. 그대 안에 어떤 형상, 하나의 노래가 일어날 것이다. 그 노래를 부르는 것만으로도 그대는 무엇인가 다른 존재가 될 것이다. 그대의 존재 전체가 만트라(mantra)가 될 것이다. 58

아그라의 타지마할

음악의 가장 오랜 전통은 명상에서 비롯되었다. 명상하던 사람들은 자기들이 체험한 바를 나누어 줄 수 있는 마땅한 방법을 발견하지 못했다. 그래서 그들은 악기를 만들어 냄으로써 그대에게 어떤 의미도 주지 않고 무엇인가를 말할 수 있었다. 음악은 아무 의미도 주지 않지만 즐거움과 춤을 가져다 준다. 언어 아닌 언어를 발견했다는 것은 그들에게 엄청난 일이었음에 틀림없다. 소리 자체는 아무 의미도 없기 때문이다. 의미는 인간이 부여한 것이다. 소리는 자연적인 현상이다. 소나무 가지 사이를 스쳐 지나가는 바람 소리에는 고유의 음악이 들어 있다. 계곡의 바위틈으로 흘러내리는 물도 고유의 소리와 음악을 지니고 있다. ✤ 내면의 소리를 들은 명상가들은 이 경험을 나누어 갖는데 큰 어려움을 느꼈을 것이다. 그러던 차에 음악이 개발되었다. 이 음악이 개발된 목적은 아주 간단하다. 소리에서 의미를 삭제하고, 의미 대신 조화로운 선율을 들려주는 것이다. 이 선율은 가슴속까지 뚫고 들어간다. 이 선율은 아무것도 말하지 않지만, 말할 수 없는 것을 말한다. 흔히 우리는 음악이 소리로 구성된다고 생각한다. 그러나 이것은 진리의 절반일 뿐이며 다른 절반에 비해 중요성이 떨어진다. 더 깊어진 음악은 두 소리 사이의 침묵으로 이루어진다. 중국에는 "완성의 경지에 오른 음악가는 악기를 버린다"는 속담이 있다. 악기는 소리밖에 창조하지 못하기 때문이다. 침묵은 음악가에 의해 창조된다. 그러나 완성의 경지에 이르면, 전에는 침묵의 단편적인 틈을 만들어내던 소리들마저 방해가 되기 시작한다. 이상한 개념이지만 대단히 의미심장하다. 이것은 모든 예술에 적용된다. 완벽한 경지에 오른 궁수는 활과 화살을 버린다. 눈으로 쳐다보기만 해도 하늘을 날던 새가 떨어지고, 활과 화살은 준비 과정에 불과한 것임을 알게 되기 때문이다. 똑같은 사실이 음악, 그림 등 인류가 발전시킨 모든 예술에 적용된다. 정상에서는 사다리가 필요없다. 정상에 오르기까지 도움을 주었던 사다리가 이제는 불필요하다. 그런 의미에서 고전 음악은 침묵과 명상을 위해 만들어진 것이다. ✤ 럭나우(Locknow)의 왕에 대해 아름다운 일화가 전해진다. 예로부터 럭나우는 인도에서 문화와 학문이 가장 번성한 도시로 알려져 있다. 그곳에서는 예술이 존중되고 지혜가 크게 칭송받는다. 럭나우의 왕은 대단한 용기와 통찰력을 갖춘 인물이었다. 그러나 이런 사람들은 흔히 대중에게 오해받기 쉽다. 한 음악가에 대해 말하기 전에, 이 음악가를 궁전으로 초청한 왕에 대해 먼저 말하는 것이 좋겠다. 그는 럭나우의 마지막 왕이었다. 영국군이 쳐들어 왔을 때 그는 음악을 듣고 있었다. 영국군이 시시각각 다가온다는 소식을 듣고도 왕은 말했다. "그들을 환영하라. 그들은 우리의 손님이다." 적군을 손님으로 영접한 왕은 역사상 어디에도 없을 것이다. 그가 신하들에게 말했다. ✿ "그들을 위해 모든 편의를 준비하라. 내일 내가 그들을 궁전에서 맞이하겠다. 여기에 머물기를 원한다면 그들은 얼마든지 머물 수 있다. 정권을 원한다면 그들은 얼마든지 권력을 차지할 수 있다. 쓸데없이 폭력 사태를 일으킬 이유가 없다. 더 문화적인 방법으로 사태를 해결할 수 있다. 그러나 이 순간에는 몇몇의 어리석은 사람들이 도시를 공격한다고 해서 우리의 음악가들을 방해하지 말아라." ✿ 이 왕은 나라 안의 모든 음악가들을 궁전으로 불러들여 그들의 연주를 듣는 것을 좋아했다. 그런데 단 한 명의 음악가가 궁전으로 들어오지 않았다. 왕이 신하들에게 물었다. "이유가 무엇인가?" 신하들이 말했다. ✿ "그는 말도 안 되는 조건을 내걸고 있습니다. 그는 자신이 연주하는 동안 아무도 움직여서는 안 된다고 합니다. 만일 누군가 음악에 따라 몸을 움직이거나 흔들면 당장 목을 쳐야 한다는 것이 그의 요구 사항입니다. 그는 이런 요구사항이 받아들여져야만 여기에 올 수 있을 것입니다." 왕이 말했다. "그렇다면 왜 내게 미리 말하지 않았는가? 당장 그를 초청하고 요구 사항을 들어주겠다고 말하라. 그리고 이 음악가의 연주를 듣고 싶은 럭나우의 모든 시민들에게 이 조건을 알려주고, 지킬 자신이 없으면 음악회에 오지 말라고 전하라." 그러나 거의 만 명에 육박하는 사람들이 음악을 들으러 왔다. 왕은 한 입으로 두말하는 사람이 아니었다. 그는 칼을 빼든 만 명의 군인을 동원하여 청중을 포위했다. 그리고 움직이는 사람이 있으면 이름을 적으라고 말했다. 음악회 도중에 머리를 자르면 소란이 일어날 것이기 때문이었다. 몸을 움직인 열두 명의 사람이 발각되었고, 그들의 이름이 기록되었다. 밤이 깊어 갈 무렵 음악가가 말했다. ✤ "제 요구대로 시행하셨습니까?" 왕이 말했다. ✤ "그렇소. 여기 몸을 움직인 열두 명의 명단이 있소. 이제 모든 것은 당신에게 달렸소. 무엇을 원하오? 그들의 머리를 베어야 하겠소?" 그런데 놀랍게도 음악가가 이렇게 말했다. ✤ "이들이야말로 내 음악을 들을 자격이 있는 사람들입니다. 이제 청중을 모두 내보내십시오. 그들은 음악을 들은 것이 아니라 목숨을 부지하기에 급급했습니다. 조금만 움직이거나 자세가 바뀌어도 생명이 위험했습니다. 그래서 그들은 꼼짝도 하지 못했던 것입니다. 그들은 그저 생명을 지키는 데 정신이 팔려 있었습니다. 그들은 음악을 들을 자격이 없습니다. 그들을 내보내십시오. 이제부터는 폐하와 그 열 두 명의 사람들만을 위해 연주하겠습니다." ✤ 참으로 극적인 변화였다. 왕이 말했다. "그것 참 기발한 방법이었소. 이런 식으로 올바른 청중을 가려낼 줄이야……" ✤ "이것이 유일한 방법입니다. 이 열두 명은 음악을 목숨보다 소중하게 여기는 사람들입니다." 실제로 이 열두 명의 사람들은 음악회의 조건에 대해 까맣게 잊고 있었다. 음악이 그들의 가슴을 건드리고, 그들은 선율에 맞춰 몸을 흔들기 시작했다. 그들의 내면에서 춤이 일어났다. 음악가는 남은 밤 시간 동안 이 열두 명의 사람들을 위해 연주했다. 그리고 아무런 대가도 원하지 않는다고 왕에게 말했다. 진실로 음악을 들을 줄 아는 열두 명의 사람을 발견한 것만으로 충분한 보답이었다. 그가 말했다. "이 열두 명의 사람들에게 상을 내려 주십시오. 이들에게 음악은 명상이 되었습니다." ✤ 이 일화를 살펴보면 두 가지의 가능성이 나타난다. 명상가가 음악을 발견했거나, 아니면 음악가가 명상을 발견했거나 둘 중의 하나이다. 음악과 명상은 뗄래야 뗄 수 없는 관계를 맺고 있다. 나의 경험에 의하면 명상이 훨씬 더 깊고 높은 차원이다. 그래서 명상가들이 자신의 내면에 일어난 춤, 내면의 침묵을 사람들에게 전달하는 수단으로 음악을 만든 것이다. 동양의 고전 음악은 음악가만 훈련이 필요한 것이 아니라 음악을 듣는 사람 또한 엄청난 훈련이 있어야 함을 말하고 있다. 누구나 고전 음악을 이해할 수 있는 것이 아니다. 음악적 선율과 조화를 이룰 줄 알아야 한다. 그대가 사라지고 음악만 남아야 한다. 이것이 위대한 음악가, 화가, 무용가, 조각가들의 경험이다. 창조의 공간 속으로 가장 깊이 들어갔을 때 그들은 더 이상 존재하지 않는다. 창조 행위 자체가 그들에게 우주 속으로 사라지는 것 같은 맛을 준다. 이것이 그들이 명상과 처음으로 조우하는 순간이다. 그러므로 두 가지 모두 가능하다. 음악이 사람들을 명상으로 인도했거나, 또는 불가해(不可解)한 명상적 체험을 표현하는 수단으로써 음악을 발견한 것이다. 어찌되었건 음악은 인간이 만들어낼 수 있는 가장 차원 높은 것이다. [59]

신비주의자인 나나크(Nanak)는 항상 그의 제자이며 음악가인 마르다나(Mardana)를 대동하고 다녔다. 언제나 나나크는 설법을 펴기 전에 마르다나에게 비나(veena)를 연주하라고 말했다. 그렇게 함으로써 자신이 말할 수 있는 분위기를 고조시키는 것이다. 그리고 말을 멈출 때에도 나나크는 마르다나에게 최고로 아름다운 음악을 연주하라고 요청했다.

"내 말을 들으러 온 사람들이 언어가 무력하다는 것을 깨우치게 하라. 처음도 음악이고 마지막도 음악이다. 내가 언어를 사용하는 것은 사람들이 더 고차원적인 교류의 방법을 모르기 때문이다." ✤ 이것이 나나크의 말이었으며 마르다나는 이 말에 따랐다. 나나크는 어떤 면에서 봉우리처럼 우뚝 솟은 신비주의자이다. 그는 여행을 많이 했다. 그는 인도 전역을 여행하고 스리랑카까지 갔다. 그는 아프가니스탄과 사우디 아라비아를 여행하고 모하메드교인들의 성지인 카바(Kaaba)에 도착했다. 그가 카바에 도착한 것은 저녁 무렵이었다. 그가 도착하기도 전에 이미 그의 명성이 자자하게 퍼져 있었다. 그러나 카바의 성직자들에게 믿을 수 없는 일이 벌어졌다. 그들은 소문을 들어 익히 알고 있었지만 나나크라는 신비주의자가 이런 식으로 행동하리라고 생각하지 못했던 것이다. 밤이 깊자 그는 자신의 잠자리를 마련하고 마르다나에게도 잠을 청하라고 말했다. 그리고 둘다 발을 카바 신전 쪽으로 두고 누웠다! 이것은 모하메드교인들에게 심한 모욕이었다. 그들은 마음이 크게 상해서 말했다. ✤ "당신은 신비주의자가 아니다. 당신은 예의를 갖춰 행동하는 법도 모르지 않는가? 당신은 우리를 모욕하고 있다!" 나나크가 말했다. ✤ "노하지 말라. 나는 내 나름대로 문제가 있다. 나는 어디에 발을 놓건 언제나 그 발이 신을 향해 놓여 있는 것을 발견한다. 신을 제외하곤 아무것도 존재하지 않기 때문이다. 내가 의도적으로 신 쪽으로 발을 뻗은 것이 아니다. 만일 당신들의 마음이 상했다면 내 발을 당신들이 원하는 방향으로 치워 놓아라." ✤ 이 일화는 말할 수 없이 아름답다. 나나크의 다리를 다른 방향으로 치워 놓을 때마다 성직자들은 경악을 금할 수 없었다. 카바 신전 또한 나나크의 발이 놓인 방향으로 움직이기 시작한 것이다. 아마 이것은 우화일 것이다. 카바 신전은 돌일 뿐이다. 돌이 그렇게 민감할 수는 없다. 그러나 이 일화는 존재계 전체가 하나의 음악과 춤, 하나의 신성으로 고동치고 있다는 것을 암시하고 있다. [60]

삶에서 진정한 가치를 지니는 모든 것은 명상에서 태어난다. 이 밖에 다른 길이 없다. 명상은 미술, 음악, 시, 춤, 조각의 모체(母體)이다. 창조적인 모든 것, 삶을 긍정하는 모든 것은 명상에서 태어난다. [61]

탄센(Tansen)에 얽힌 유명한 일화가 있다. 그는 악바르(Akbar) 황제의 궁정 악사였다. 악바르는 최고의 음악가, 최고의 시인, 최고의 철학자 등 각 방면의 일인자를 불러들여 궁전에 살게 했다. 그는 이것을 아주 좋아했다. 그는 최고의 음악가로 탄센을 선택했다. 아마 탄센은 지금까지 이 세상이 낳은 최고의 음악가 중 한 사람일 것이다. ✤ 악바르는 탄센의 처소 근처에 사는 사람들에게 음악을 연주할 수 없도록 명령을 내렸다. 탄센에게 방해가 될까 봐 염려되었기 때문이다. 그곳에서 음악을 연주하는 사람은 누구든지 감옥에 수감되거나 법정에 서서 탄센과 서로의 음악을 겨뤄야 했다. ✤ 많은 사람들이 이런 식으로 탄센에게 도전했지만 모두 패했다. 확실히 탄센은 훨씬 더 수준 높은 음악을 들려주고 있었다. 그런데 바이주 바와라(Baiju Bawara)라는 사람이 있었다. 그의 이름은 '바이주'였고, '바와라'는 미쳤다는 뜻이다. 그런데 사람들이 그를 미쳤다고 생각했기 때문에 그를 '바이주 바와라'라 불렀다. 그가 가진 단 하나의 야망은 탄센을 꺾는 것이었다. ✤ 그는 하루에 스무 시간씩 열심히 연습했다. 그리고 마지막으로 실력을 다듬기 위해 하리다스(Haridas)를 찾아갔다. 하리다스는 탄센의 스승이었다. 바이주가 찾아갔을 때 하리다스는 매우 기뻐했다. 그가 말했다. "내 평생에 탄센과 버금가는 인물을 또 한 명 제자로 거두게 되리라곤 생각하지 못했다. 너는 뛰어난 소질이 있는데 단 한 가지가 문제다. 너는 누군가를 이기려는 욕망을 갖고 있다. 이 욕망이 걸림돌이다. 이 욕망이 그대를 비음악적으로 만든다. 그대는 훌륭한 악기와 뛰어난 재주를 가졌다. 하지만 그대의 가슴은 음악이 아니라 다른 사람을 이기겠다는 일념에 빠져 있다. 이 생각을 버리지 않는 한 너는 결코 탄센과 같은 경지에 오르지 못할 것이다. 그는 다른 사람을 이기겠다는 욕망이 없다. 이것이 그가 계속 이기는 이유이다." ✤ 바이주가 이 욕망을 버리는 것은 매우 힘겨웠다. 그는 이 욕망 하나로 평생을 음악에 바쳐 왔던 것이다. 그러나 스승이 하는 말을 듣고 그는 생각을 고쳐먹었다. 서서히 그는 탄센을 잊어 갔다. ✤ 어느 날, 노쇠한 하리다스가 병에 걸렸다. 다리가 마비되어 근처의 크리슈나 사원에도 갈 수 없었다. 그는 크리슈나를 보지 않고는 아무것도 먹지 않았다. 여러 명의 의사가 와서 그를 고쳐 보려고 했지만 별 소득이 없었다. ✤ 바이주 바와라가 이 소식을 듣고 자신이 사는 마을로부터 달려왔다. 하리다스가 잠에서 깨어나는 이른 아침, 바이주가 음악을 연주하며 노래를 부르기 시작했다. 그 노래는 이런 뜻을 담고 있었다. "나의 눈은 당신을 보기를 열망합니다. 내 다리에 힘을 주소서. 내가 당신을 볼 수 없다면 그 책임은 당신에게 있습니다. 부디 저를 버리지 마소서." ✤ 그의 노래와 연주가 어찌나 아름다웠던지 하리다스가 일어나 크리슈나 사원에 가는 기적이 일어났다. 바이주는 계단에 앉아 연주를 하며 크리슈나 신에게 경배를 올렸다. 사원에서 돌아오는 길에 하리다스가 바이주에게 말했다. "이제 너는 가서 탄센과 겨루어도 좋다. 이제 너는 남과 겨루거나 이기려는 욕망이 없다. 음악을 통해 나의 다리를 고칠 수 있다면 너는 음악의 정수를 얻은 것이다." ✤ 그러나 바이주 바와라가 말했다. "그럴 필요가 있을까요? 저는 음악과 사랑에 빠졌고, 탄센에 대해서는 까맣게 잊었습니다. 그것은 유치한 욕망이었습니다. 제가 탄센에게 패할 것이라던 당신의 말씀은 옳았습니다. 그리고 이제 탄센을 이길 것이라는 말씀 또한 옳습니다. 하지만 이젠 아무 욕망이 없습니다." ✤ 하리다스가 말했다. "바이주, 그대는 진실로 바와라(bawara)이군! 그대는 진짜로 미쳤다. 이제 너는 탄센을 이길 수 있는 경지에 올랐다" 그러나 바이주는 탄센에게 가지 않았다. 하리다스가 "이제 너는 탄센을 이길 수 있는 경지에 올랐다"고 말했다면 바이주는 분명히 탄센보다 한 수 위였다. 그런데 바이주는 탄센과 겨루는 것을 거부함으로써 이제 그의 음악이 세속의 한 부분이 아니라는 것을 보여주었다. 그의 음악은 신적인 것이었다. 이제 그에게 있어 음악은 명상이 되었던 것이다. [62]

동양은 신을 더 깊이 이해한다. 창조물은 신과 분리된 것이 아니다. 만물은 신의 작용이다. 만물은 신 자신이다. 신이 여러 형상 속에 숨어 있는 것이다. 이곳에서는 신이 바위가 되고, 저곳에서는 꽃이 된다. 이곳에서 그는 죄인이고, 저곳에서 그는 성자이다. 모든 것이 그의 배역이다. 그가 유일한 배우이다. 그는 계속해서 자신의 역할을 나누어 간다. 그는 예수 안에도 있고 유다 안에도 있다.

동양에서 신은 하나의 인격체가 아니다. 신은 우주를 만든 질료 자체이다. 신은 창조자가 아니라 창조성 그 자체이다. 그리고 창조자와 창조물은 창조적 에너지의 두 측면일 뿐이다.

서양인들이 신에 대해 갖고 있는 관념은 화가가 그림을 그리는 것에 비유될 수 있다. 완성된 그림은 화가와 분리된다. 화가가 죽어도 그림은 남을 것이다. 그러나 동양인은 신을 이런 식으로 생각하지 않는다. 동양인은 신과 세상을 화가와 그림으로 분리하여 생각하지 않는다. 우리는 신을 무용수로 생각한다. 춤과 무용수를 분리시키는 것은 불가능하다. 무용수가 사라지면 춤도 사라진다. 춤이 멈추었을 때 그는 더 이상 무용수가 아니다. 춤과 무용수는 공존한다. 그들은 따로 떨어져 존재할 수 없다. 그들을 떼어놓는 것은 불가능하다. 신은 무용수와 같다. 나는 그의 동작의 일부이고, 그대 또한 그의 동작의 일부이다. 그대는 이것을 알 수도 있고 모를 수도 있다. 어떤 사람은 자신이 신이라는 것을 알고, 어떤 사람은 이것을 모른다. 이것이 유일한 차이점이다. 그대들의 존재는 다르지 않다. 인식의 차이가 있을 뿐이다. [63]

인도의 고전 음악에는 예로부터 내려오는 이야기가 있는데, 이 이야기는 사실로 인정되고 있다. 빈방의 한쪽 구석에 시타르(sitar)를 놓고 다른 편에 또 하나의 시타르를 놓아라. 그리고 한 쪽 시타르를 음악의 대가(大家)가 연주하면 그대는 깜짝 놀랄 것이다. 진짜 대가가 연주하면 다른 쪽 구석에 놓여 있는 시타르가 똑같은 선율로 공명하기 시작하기 때문이다. 드디어 일치가 일어나는 것이다. ✤ 대가가 연주하는 음악의 비가시적인 진동이 서서히 방안을 채우기 시작한다. 이것은 잔잔한 호수에 돌을 던지면 파문이 계속 퍼져 나가는 것과 같다. 대가가 연주하는 선율이 공기 속에 파문을 일으키고, 이 파문이 계속 퍼져 나간다. 그리고 이 파문이 다른 시타르를 통과하면서 현(絃)을 울린다. 그러나 고도의 섬세함을 가진 대가라야 한다. 다른 편에 있는 시타르는 섬세한 터치가 있어야만 진동할 것이기 때문이다. ✤ 위대한 대가들은 실제로 이런 현상을 보여주었다. 인도 무굴제국의 황제인 악바르는 이에 관한 이야기를 듣고 큰 흥미를 느꼈다. 그래서 가장 위대한 음악가 중의 한 사람인 탄센에게 이에 대해 물었다. 탄센이 말했다. "저는 훌륭한 음악가이지만 이것은 제 능력 밖의 일입니다. 하지만 제 스승님은 능히 할 수 있습니다." ✤ "아니, 그대보다 더 뛰어난 음악가가 있단 말이오?" 악바르가 이렇게 말한 것은 탄센과 겨루러 왔던 수많은 음악가가 패했기 때문이다. 악바르는 '아홉 개의 보석(The Nine Jewels)'이라고 불리는 그룹을 만들었고, 이 그룹에 끼려는 사람들의 시도가 끊이지 않았다. 이들은 각 분야에서 가장 탁월한 대가들이었으며, 탄센도 그 중의 한 명이었다. ✤ 탄센이 말했다. "그렇습니다. 오직 한 사람, 제 스승님이 있습니다." ✤ 악바르가 말했다. "그를 초청할 수는 없겠소? 그를 어느 누구보다도 극진하게 대접하겠소. 그의 연주를 듣고 싶소." ✤ 탄센이 말했다. "이래서 제가 그분의 이름을 언급하지 않은 것입니다. 제가 노래하고 연주하는 것은 욕망과 기대가 있습니다. 폐하는 제게 많은 것을 주셨지만 저의 욕심은 끝이 없습니다. 제가 아직도 연주를 계속하는 것은 무엇인가 얻으려는 욕심이 있기 때문이지요. 그러나 저의 스승님은 모든 것을 얻으셨습니다. 그분은 자신이 가진 것을 나누어 주려고 음악을 연주합니다. 그러나 저는 무엇인가 얻으려고 연주합니다. 그분은 주인이지만 저는 거지입니다. 그분은 왕궁으로 오지 않을 것입니다. 저 같은 거지만이 왕궁에 오지요. 그분이 무엇 때문에 오시겠습니까? 그분을 만나려면 폐하가 직접 가셔야 할 것입니다. 목마른 사람이 우물을 판다는 말도 있지 않습니까? 제가 그분의 이름을 언급하지 않은 까닭이 여기에 있습니다. 제가 그분의 이름을 들먹였다면 당연히 폐하는 그분을 불러오라고 시켰을 것이고, 저는 폐하의 명을 거역할 수밖에 없었을 것입니다. 이것이 무엄한 짓인 줄은 알지만 저로서도 어쩔 수가 없습니다. ✤ 세상의 눈으로 보면 그는 늙은 거지에 불과합니다. 그는 여기에서 그리 멀지 않은 야무나(Yamuna) 강변이라는, 폐하의 왕궁과 가까운 곳에 삽니다. 그는 거기에 작은 오두막집을 짓고 살지요. 하지만 폐하가 직접 가셔야 합니다. 그리고 그에게 "연주하라!"하고 명령할 수도 없습니다. 그가 연주할 때 몰래 숨어서 들어야 합니다. 우리를 보면 그는 우리를 맞이하느라 연주를 중단할 테니까요. 그는 날마다 새벽 세 시에 연주합니다. 그러니 우리는 그곳에 가서 오두막 밖에서 몸을 숨기고 있어야 합니다. 제 시타르를 갖고 가서 오두막 밖에서 지켜보십시오." ✤ 탄센과 악바르가 시타르를 들고 그곳에 갔다. 그들은 밖에 몸을 숨기고 연주 시간이 되기를 기다렸다. ✤ 정각 세 시가 되자 탄센의 스승이 연주를 시작했다. 그의 이름은 하리다스(Haridas)였다. 아마 이와 버금가는 음악가는 지금껏 없었을 것이다. 그가 연주를 시작하자 밖에 있던 시타르가 똑같은 선율로 공명하기 시작했다. 악바르는 밖에 놔둔 또 하나의 시타르가 같은 선율로 울리는 것을 똑똑히 보았다. 마치 하리다스가 두 개의 시타르를 동시에 연주하는 것 같았다. 눈에 보이지 않는 손가락이 또 하나의 시타르를 퉁기는 것 같았다. 생전 처음으로 악바르가 눈물을 흘리기 시작했다. 환희의 눈물이 볼을 타고 흘러내렸다. ✤ 그들은 천천히 집으로 돌아오면서 내내 침묵을 지켰다. 왕궁에 돌아와 탄센이 자신의 처소로 가려는 찰나, 악바르가 말했다. "탄셴, 나는 그대보다 나은 음악가는 없다고 생각했었소. 그런데 이렇게 말해서 미안하지만, 그대의 스승에 비하면 그대는 아무것도 아니오. 왜 이 왕궁에서 시간을 낭비하는 것이오? 어서 그대의 스승에게 돌아가시오. 물건일 뿐인 악기마저 그의 음악에 공명한다면 그대와 그 사이에 무슨 일인들 가능하지 않겠소. 기적이 일어날 것이오. 이 궁전과 나에 대해서는 깨끗이 잊으시오. 그는 노인이니 살 날도 얼마 남지 않았소. 하루 속히 가서 그와 함께 있으시오. 그의 옆에 앉아서 그의 에너지가 그대 안에 흐르게 하시오. 그의 음악이 그대를 불사르게 하시오."

이것이 화합의 법칙이다. 64

서 구 사회는 고뇌의 그늘 아래 놓여 있다. 그들은 명상에 대해 무지하다. 그러므로 그들이 무엇을 하건 모든 행위는 모두 마음에서 나온 것들이다. 마음은 기쁨의 근원이 아니다. 마음은 고통의 씨앗일 뿐 엑스타지(ecstasy)를 만들어 내지 못한다.

더 명상적으로 되는 법을 배워라. 명상을 우선시하고, 창조 행위는 부차적인 것으로 생각하라. 그러면 전혀 다른 상태, 엑스타지의 상태를 맛볼 것이다. 이 엑스타지를 통해 창조된 것은 무엇이든지 똑같은 법열(法悅)의 맛을 갖는다.

서양인으로는 유일하게 구제프(Gurdjieff)는 예술을 두 종류로 나누었다. 객관적 예술과 주관적 예술이 그것이다. 주관적 예술은 마음에서 나온다. 이런 예술은 고뇌에서 나온다. 반면에 타지마할, 엘로라(Ellora)와 아잔타의 석굴, 카주라호(Khajuraho)의 사원들 같은 객관적 예술품은 명상적인 사람들로부터 나왔다. 사랑과 침묵을 통해 그들은 나누어 주기를 원했다. 이것이 세상에 대한 그들의 공헌이다.
서양의 예술가들은 마음이라는 무거운 짐을 안고 살아 왔다. 이제는 마음을 초월한 무엇인가 있다는 것을 깨달을 때가 되었다. 마음 너머에 도달한 다음에는 위대한 작품을 만들 수 있다. 이런 작품은 작가에게 큰 기쁨이 될 뿐만 아니라 작품을 보는 사람들에게도 또한 크나큰 기쁨을 안겨 줄 것이다. 65

타 지마할은 진정으로 하나의 예술품이다. 이 작품을 만든 사람들은 수피 신비주의자였다. 그들은 명상이 무엇인지 알았다. 보름달이 뜬 날 밤 정확히 밤 아홉 시에, 세상에서 가장 아름다운 건축물인 타지마할을 보며 앉아 보라. 돌연 그대는 평온과 침묵을 느낄 것이다. 그대와 타지마할 사이에 무엇인가 일어나기 때문이다.

라자스탄, 자이살메르의 자이나교 사원

구제프는 타지마할을 '객관적 예술'이라고 불렀다. 이 말은 완전히 깨어 있는 사람들에 의해 창조되었다는 뜻이다. 그들은 다른 사람들의 성장에 도움이 되는 것을 만들 수 있었다.

타지마할을 만든 사람들……. 타지마할은 단순히 창작 욕구의 발산이 아니다. 그것을 만든 사람들의 경험이 담겨 있다. 그들은 그대에게도 똑같은 경험을 줄 수 있는 작품, 최소한 일별(一瞥)이라도 줄 수 있는 작품을 남기려고 노력했다. 인도에는 객관적 예술품이 많다. 그 이유는 자명하다. 인도는 만 년 동안 명상적인 기법에 몰두해 왔기 때문이다.

아잔타와 엘로라의 석굴들……. 그곳에는 많은 동굴이 있다. 산 전체가 동굴로 파여 있기도 하고 산 속에 큰 동굴들이 만들어져 있기도 하다. 서른 또는 서른 다섯 개의 동굴이 일렬로 늘어서 있으며, 각 동굴마다 고유의 아름다움을 간직하고 있다. 단순히 아름다운 데 그치지 않고 각 동굴이 저마다 고유의 명상적인 향기를 지니고 있는 것이다. 66

아잔타의 동굴 중에 불교도의 예불당(禮佛堂)이 있다. 그 동굴은 인도 악기인 타블라(tabla)와 같은 강도로 소리의 울림을 만들어 내기 위해 돌이 사용되었다. 타블라를 연주하는 것과 같은 힘으로 이 돌을 치면 똑같은 강도의 소리가 나온다. 돔(dome)에 사용된 평범한 돌들은 그렇게 미묘한 소리의 울림을 만들어 낼 능력이 없다. 그래서 돌을 특수한 형태로 다듬은 것이다. 여기에 숨은 의도는 무엇일까? 그 목적은 이렇다. 누군가 옴 (aum)을 강렬하게 되뇌면 사원의 돔이 이 소리의 원을 형성하면서 똑같은 소리를 돌려보낸다. 돔의 특수한 디자인이 소리의 반향으로 원을 형성하는 데 도움을 준다. 이 소리의 원을 경험하는 것은 독특한 즐거움이다. 하늘에 대고 옴을

되뇌면 소리의 원이 형성되지 않기 때문에 그 같은 즐거움을 맛볼 수 없다. 67

보름달이 하늘 중간에 떴을 때, 타지마할은 인간이 창조한 것들 중에서 가장 훌륭한 명상의 대상이 된다. 그저 조용히 앉아 타지마할을 지켜보라. 타지마할을 지켜보는 것만으로도 사념이 가라앉을 것이다. 타지마할의 아름다움이 너무나 압도적이기 때문에 마음이 설 자리를 잃는다. 마음은 그 아름다움을 감당할 수 없기 때문에 침묵하게 된다. 68

인도에서 그대는 수천 배는 더 훌륭한 조각품들을 발견할 것이다. 말할 수 없이 아름다운 남녀의 조각상을 가진 사원들이 수없이 많다. 이 모든 조각상은 기본적으로 명상을 위해 만들어진 것이다. 불상을 보라. 그대 안에 평정이 자리잡는 것을 느낄 것이다. 불상의 균형미, 앉아 있는 자세, 반개(半開)한 눈……. 조용히 앉아 불상을 바라보라. 그대는 침묵의 세계로 빠져들 것이다.

동양에서 조각상은 단순히 조각을 위해 만들어진 것이 아니다. 그것은 차세대를 위한 암호문으로 만들어졌다. 경전과 언어는 사라지거나 바뀔지도 모른다. 말과 교리는 엉뚱하게 해석될 수도 있다. 이론에 대해 논쟁이 벌어질지도 모른다. 실제로 많은 논쟁이 일어났다. 그래서 동양인들은 언어가 아닌 다른 방편이 있어야 한다고 생각하기에 이르렀다. 69

수많은 사원을 짓기 위해 얼마나 많은 미술가, 장인, 조각가들이 일했던가! 도시 전체를 사원으로 만드는 데 얼마나 오랜 세월이 걸렸던가! 이런 곳이 한두 군데가 아니다. 아잔타에는 불교인들이 만든 석굴군(石窟群)이 있다. 산 전체가 석굴이다. 그들은 수마일에 걸쳐 동굴을 만들었다. 그리고 동굴 안에는 형용할 수 없을 만큼 아름다운 예술품들이 있다. 모든 것이 아름답다.

그리고 붓다의 전 생애가 돌 위에 새겨져 있다. 첫 번째 동굴에는 붓다의 탄생이 묘사되어 있다. 이 동굴들은 결코 작은 규모가 아니다. 견고한 바위를 파고 들어가 동굴을 만들었다. 동굴마다 붓다의 생애가 차례대로 전개되며 마지막 동굴에는 붓다가 잠자고 있다. 이것이 그의 마지막 순간이다. 이때 그는 제자들에게 이렇게 말했다. "질문할 것이 있으면 지금 물어라. 나는 영원한 잠에 빠질 것이다." 그는 베개도 없이 팔을 베개 삼아 누워 있다. 엄청나게 거대하고 아름다운 조각상이다.

엘로라에도 산을 깎아 만든 동굴들이 있다. 코나라크(Konarak)에는 힌두교 사원들이 있다. 오랜 세월에 걸쳐 예술이 얼마나 위대한 작품들을 남겼는지 그대는 상상할 수도 없을 것이다. [70]

인도의 사원에서 그대는 불상을 발견할 것이다. 그리고 자이나교 사원에는 마하비라와 스물세 명에 달하는 다른 예언자들의 조각상이 있다. 그런데 한 가지 점을 제외하면, 이 스물네 명의 티르탕카라(tirthankara)와 고탐 붓다를 구분하는 것이 불가능하다. 고탐 붓다가 관(冠)처럼 말아 올린 머리칼을 갖고 있는 데 반해 자이나교의 티르탕카라는 그런 머리가 없다. 이 점을 제외하면 구별이 거의 불가능하다. 그들의 자세도 똑같다.

이 스물네 명의 티르탕카라는 자이나교인들조차도 구분하지 못한다. 그래서 그들은 각 티르탕카라를 상징하는 표식을 만들어냈다. 각 조각상의 아래 부분을 보면 상징이 새겨져 있는데 "이 사람이 누구인가?" 하고 물으면 자이나교인들은 이 상징을 보고 그가 누구인지 말한다. 이런 상징을 제외하면 아무 차이도 없다.

내가 큰 규모의 자이나교 사원을 방문중이었을 때의 일이다. 그 사원의 성직자는 아주 박식한 사람이었다. 내가 그에게 물었다. "이렇게 똑같은 사람들이 스물네 명씩이나 연대순으로 태어나는 것이 가능하다고 생각합니까?" 그가 말했다. "이런 의문은 떠올린 적이 없습니다. 아무도 이 점을 궁금하게 여기지 않았습니다. 스물네 명의 사람이 코, 눈, 얼굴, 신체 등 정확하게 똑같은 모양새를 하고 있다는 것은 아무리 생각해도 불가능한 일입니다……." 내가 말했다. "그 이유를 찾아보십시오." 다음날, 내가 떠나려고 하는데 그가 찾아와 말했다. "지난밤에 나는 한 잠도 잘 수 없었습니다. 왜 그들이 똑같은 모습을 하고 있는지 도무지 이유를 모르겠습니다. 경전을 찾아보아도 아무것도 나와 있지 않습니다. 당신의 질문은 분명히 일리가 있습니다. 그것을 부정할 수는 없습니다." 내가 그에게 말했다. "나는 이미 답을 알고 있으니 염려하지 마십시오. 이 조각상들은 각 개인을 묘사한 것이 아닙니다. 이 조각상들은 침묵, 아름다움, 평온함 등 명상의 특성들을 묘사한 것입니다. 조각가들이 신체적 차이점을 무시한 것은 좋은 일입니다. 그들은 영적인 공통점에 주안점을 두었습니다. 이 조각상들은 신체를 묘사한 것이 아닙니다. 스물네 명의 신체가 똑같을 수는 없으니까요. 조각가들은 영적인 특성을 관찰했던 것입니다." 자이나교 사원에 앉아 마하비라나 다른 예언자들의 조각상을 바라보는 것은 확실히 좋은 경험이다. 그저 바라보기만 해도 그대는 엄청난 침묵과 아름다움을 느끼고 깜짝 놀랄 것이다. 조각상의 평온함이 합일을 만들어 내고, 그대는 평정과 고요를 느끼기 시작한다. 71

까주라호의 파르쉬바나트 사원

내가 처음으로 카주라호에 간 것은 순전히 할머니의 잔소리 때문이었다. 그런데 그 후로 나는 수백 번이나 그곳에 갔다. 내가 그렇게 자주 방문한 곳은 세상 어디에도 없다. 그 이유는 간단하다. 진실한 경험은 고갈되지 않기 때문이다. 알면 알수록 그대는 더 많은 것을 알기 원한다. 카주라호 사원들은 곳곳마다 신비로 가득 차 있다. 수백 년의 시간이 소모되었으며, 사원 하나를 짓는 데 수천 명의 장인이 매달려 일했다. 나는 카주라호보다 완벽한 예술품을 보지 못했다. 그야말로 완벽하다. 72

인도 전역에는 이런 미신이 있다. 조금이라도 파손된 조각상은, 가령 귀가 한 쪽 떨어져 나간 것 같은 조각상은 더 이상 경배의 대상이 될 수 없다는 것이다. 그 조각상은 제거되어야 한다. 아름다운 조각상이 수없이 많다. 그런데 어떤 조각상은 귀가 없고, 어떤 조각상은 코가 없다. 어떤 조각상은 팔이 없다. 이렇게 흠이 있는 조각상은 버림받는다.

나는 마드야 프라데쉬 주(州)의 작은 지역인 카트니(Katni) 근처에 머문 적이 있다. 그곳에는 수천 개의 조각상이 있었다. 온 마을이 조각상으로 이루어졌을 정도이다. 이 아름다운 조각상을 만들기 위해 많은 사람들이 수천 년 동안 일했을 것이다. 그러나 이곳에는 아무도 살지 않는다. 나는 정부의 고문서를 뒤적인 결과 오래된 경전에서 단 하나의 언급을 발견했다. 그곳은 조각가들의 마을이었다. 조각상들이 파괴될까 봐 걱정이 된 그들은 흙으로 조각상을 묻어 버리고 마을을 떠났다. 살던 집까지 태워 버렸기 때문에 아무도 그곳을 마을이라고 생각하지 못했다.

이제 그곳은 무성한 숲이 되었다. 그러나 사람들이 살던 당시 그곳은 큰 마을이었을 것이다. 수많은 조각상들은 그 마을에 수천 명의 훌륭한 장인들이 살고 있었음을 보여준다. 이제 그곳은 유령의 마을이 되었다. 조각상들만 서 있을 뿐이다. 그곳은 영국 식민지 시대에 발견되었다. 조각상을 묻었던 흙들이 제거되었고, 그것은 거대한 발견 중의 하나였다.

사원군(寺院群)으로 유명한 카주라호에는 백여 개의 사원이 있다. 하나의 사원만 보아도 압도적이다. 사원에 수많은 조각상이 있기 때문에 거의 하루가 걸린다. 거대한 사원들 중에 조각되지 않은 부분은 단 한 군데도 없다. 이 사원들은 흙 속에 매장되어 작은 언덕을 이루었다. 오직 서른 개의 사원만이 보존되었고, 나머지 칠십 개는 모하메드교인들이 파괴했다. 이 사원들이 다시 발견되었다. 세상 어디에도 이런 조각품들은 없을 것이다. 나는 세상에 존재하는 온갖 조각상을 보았지만 카주라호의 조각이 지니고 있는 아름다움은 일찍이 본 적이 없다. 그것은 인간의 능력을 초월한다. 어떻게 그토록 아름답고 완벽하게 만들어졌는지 믿을 수 없을 정도이다. 73

아잔타, 엘로라, 푸리, 코나라크, 카주라호 등지의 동양 예술과 서양의 관능적인 그림, 사진, 음악 사이에는 엄청난 차이점이 있다는 것을 나는 분명하게 강조하고 싶다. 동양의 이 사원들 모두가……. 이 사원들은 돌 위에 최고로 아름다운 육체를 새겨 넣었다. 카주라호에서는 돌이 말을 하고, 돌이 노래하고 춤춘다. 그 돌은 살아 있다. 카주라호에서는 예술가들이 무생물인 돌 안에 살아 있는 형상을 불어넣었기 때문이다. 그 돌은 언제라도 걸어나와 그대에게 "안녕." 하고 인사를 건넬 것처럼 살아 있다. 이런 조각상이 수없이 많다.

이 조각상들은 그대의 억눌린 성욕을 만족시키기 위해 만들어진 것이 아니다. 오히려 이 조각상들은 나체상을 명상함으로써 억압된 성욕을 발산하는 탄트라의 방편으로 사용되었다. 그 방법은 간단했다. 그곳에 조용하게 앉아 있기만 하면 된다. 희미한 빛만 비치는 가운데 수백 개의 조각상이 그대를 둘러싸고 있다.

이 조각상들을 관찰해 보면 그대는 깜짝 놀랄 것이다. 많은 조각상들이 그대가 꿈 속에서 보았던 장면이다. 그리고 사회로부터 비난받는 장면이 많다. 성적인 향락의 풍경들이다. 그러나 이 장면들은 그대의 꿈 속에서 일어났던 일이며 단지 그대의 무의식의 일부일 뿐이다. 카주라호는 사람들이 억눌린 성욕을 해소하고 정화할 수 있는 일종이 대학 같은 곳이었다.

그러나 이 모든 조각상은 사원의 바깥쪽에 있다. 사원 안에는 에로틱한 조각상이 없다. 실제로, 사원의 가장 안쪽에는 아무것도 없다. 그저 침묵과 평화, 그곳에서 명상하던 사람들의 진동이 있을 뿐이다. 사원 외벽의 관능적인 조각이 더 이상 영향을 미치지 않는다고 판단될 때, 그대 안에 어떤 성욕도 일어나지 않을 때, 억눌렸던 성이 완전히 정화되었다고 생각될 때에만 사원 내부로 들어갈 수 있었다. 이것이 사원의 규칙이었다.

이것은 동양에서 개발된 아주 훌륭한 심리학적 방편이다. 조각상 앞에 앉아 있어도 아무 일도 일어나지 않을 때, 조각상에 전혀 영향받지 않고 벽이 텅 비어 있는 것처럼 느낄 때, 이것은 안으로 들어가도 좋다는 신호이다. 이제 그대는 안으로 들어갈 수 있다. 이제 내부의 문, 내면의 영토가 열렸다. 모든 쓰레기가 떨어져 나갔다. 깨끗이 정화된 내면, 아름다움과 노래로 충만한 침묵……. 카주라호나 코라나크의 조각상들은 춘화도가 아니다. 그것들은 명상을 위한 방편이다. 74

카 주라호나 코라나크에 가본 적이 있는가? 그곳에 가면 내 말이 무슨 뜻인지 알 것이다. 그곳은 탄트라 사원이다. 지금도 지상에 존재하는 가장 신성한 사원이다. 다른 사원들은 평범하고 세속적이다. 오직 카 주라호와 코라나크의 사원들만이 다른 메시지를 갖고 있다. 그 사원들에는 범상치 않은 메시지가 담겨 있다. 그 메시지는 진실을 말한다. 그렇다면 이 사원들이 전해 주는 메시지는 무엇인가?

이 사원들에 가본 적이 있다면 외벽에 가득 찬 관능적인 조각들을 보고 그대는 깜짝 놀랄 것이다. 온갖 종류의 성적인 포즈, 남자와 여자가 다양한 자세로 섹스를 하고 있다. 그중에는 우리가 상상조차 할 수 없는 것들도 있다. 가능한 자세도 있고, 불가능한 자세도 있다. 벽 전체가 섹스로 덮여 있다. 사람들은 강한 충격을 받는다. 그들은 '이게 무슨 추악한 외설인가!' 하고 생각한다. 그들은 이 조각상들을 비난하고 눈을 돌려버린다. 또는 서둘러서 사원을 떠난다. 그러나 이것은 사원 자체에 문제가 있기 때문이 아니다. 성직자들이 그대를 세뇌시켰기 때문이다.

안으로 들어가 보라. 사원 안으로 들어갈수록 형상이 줄어든다. 사랑의 묘사가 변하기 시작한다. 외벽에 있는 것은 순수한 성욕이다. 그러나 안으로 들어갈수록 섹스가 사라지는 것을 발견할 것이다. 여전히 깊은 사랑을 나누는 남녀 연인들이 있기는 하다. 그들은 서로의 눈을 들여다 보고, 손을 잡고, 깊게 포옹하고 있다. 하지만 거기에 더 이상 성욕은 없다. 여기에서 더 깊이 들어가면 조각상이 더 줄어든다. 아직도 연인들이 묘사되어 있기는 하지만, 손을 잡거나 몸을 대고 있지도 않다. 여기에서 더 깊이 들어가면 연인들이 사라진다. 또 여기서 더 깊이 들어가면……

사원의 중심부, 동양에서 우리는 그곳을 '가르바(garbha)', 자궁이라고 부른다. 그곳에는 단 하나의 형상도 없다. 다수의 군중이 사라졌다. 밖으로 향하는 창문조차 없다. 한치의 빛도 들어오지 않는다. 칠흑 같은 어둠과 침묵, 정적이 감돌 뿐이다. 그곳에는 신의 형상조차 없다. 아무것도 없이 텅 비어 있다. 안쪽의 가장 중심부는 무(無)이고, 가장 바깥쪽은 광란의 축제이다. 안쪽의 중심부는 명상과 삼매(三昧)이고, 가장 바깥쪽은 성욕이다. 이것은 인간의 삶 전반에 대한 묘사이다.

그러나 이것을 명심하라. 외벽을 허물면 내부의 성소(聖所)까지 파괴될 것이다. 내밀한 중심부의 침묵과 어둠은 외벽이 없으면 존재할 수 없다. 태풍의 눈은 태풍 없이 존재할 수 없다. 외곽이 없으면 중심도 있을 수 없다. 외곽과 중심은 병존한다. 그대의 가장 외부층에 있는 삶은 성으로 가득 차 있다. 여기에 잘못된 점은 없다. 절대적으로 아름다운 일이다. 카주라호는 그대를 묘사하고 있다. 그것은 돌 위에 새겨진 인간의 이야기이다. 그것은 돌 위에 각인된 인간의 춤이다. 가장 낮은 차원에서 가장 높은 차원까지, 다수에서 일자(一者)로, 사랑에서 명상으로, 타인에게서 자기만의 공(空)과 홀로 있음으로, 이렇듯 인간의 모든 차원이 묘사되어 있다. 이 사원을 만든 사람들은 참으로 용기 있는 사람들이었다. 75

인도에는 티르타(tirtha), 즉 영원한 순례지로 알려진 곳들이 있다. 카쉬(Kashi)도 그 중의 하나이다. 이 지구상에서 카쉬, 즉 바라나시(Varanasi)가 순례지가 아니었던 적은 단 한 번도 없다. 카쉬는 가장 오래된 순례지이다. 따라서 의식의 흐름이라는 오랜 역사에 비추어 볼 때 카쉬가 갖는 의미는 상당하다. 그곳에서 많은 사람들이 해탈을 얻었으며, 평정과 신성함을 경험했다. 죄를 지은 많은 사람들이 그곳에서 죄를 씻었다. 예로부터 끊임없이 있었던 일이다. 아주 깊은 죄도 이곳에서 씻어낼 수 있다는 말이 전해진다. 단순한 사람들에게 이것은 신앙이 되었다. 성스러운 장소는 강한 믿음이 있을 때에만 도움을 준다. 그렇지 않으면 아무런 소용이 없다. 그대의 협조가 없으면 티르타는 도움이 되지 않는다. 그리고 성스러운 장소가 유구한 역사를 갖고 있어야만 그대는 그것을 믿고 협조할 것이다.

힌두교인들은 쉬바(Shiva)의 도시인 카쉬는 이 지상의 일부가 아니라고 말한다. 카쉬는 이 세상과 분리된 별개의 장소이다. 절대로 파괴될 수 없는 곳이다. 많은 도시가 생겨났다가 무너져도 이 카쉬는 영원히 남을 것이다. 많은 각자(覺者)들이 카쉬를 다녀갔다. 이것은 놀라운 일이다. 붓다도 카쉬를 방문했으며, 자이나교의 티르탕카르들도 카쉬에서 태어났다. 상카라차리야(Shankaracharya)도 카쉬를 다녀갔으며, 까비르(Kabir)는 카쉬에서 살았다. 카쉬는 많은 티르탕카르와 아바타라(avatara), 성자들이 지나간 곳이다. 이제 그들은 더 이상 없다. 카쉬는 남았지만 그들 중 아무도 남지 않았다.

그러나 이 사람들의 성스러움, 그들의 영적인 진동과 향기는 카쉬에 흡수되었다. 이 진동과 향기는 아직 존재한다. 이것이 카쉬를 지상과 분리된 곳으로 만든다. 적어도 형이상학적으로 보면 카쉬는 세상과 동떨어져 있다. 카쉬는 고유의 영원한 형상, 고유의 개성을 획득한 것이다.
붓다가 이 도시의 길을 걸었으며, 까비르가 골목길에서 종교적인 설법을 펼쳤다. 이제 이것은 하나의 전설이며 꿈이 되었다. 그러나 이 모든 것은 아직 살아 있다. 카쉬가 모든 것을 흡수했다. 절대적인 믿음과 신앙을 가진 사람이 이 도시로 들어가면 그는 길 위를 걸어가는 붓다를 볼 것이다. 그는 파르쉬바나타(Parshvanatha)가 걸어가는 것을 볼 것이며 툴시다스(Tulsidas)와 까비르를 볼 것이다. 만일 영적인 교감을 나누듯이 카쉬에 접근한다면, 그때는 더 이상

라자스탄, 칫토르가르 포트의 쉬바 사원

카쉬가 봄베이나 런던 같은 보통의 도시가 아닌 것을 발견할 것이다. 드디어 카쉬가 영적인 형상을 갖게 될 것이다. 고대로부터 내려온 카쉬의 의식은 영원하다. 역사가 실종되고 여러 문명의 흥망이 거듭되어도 카쉬의 내적인 흐름, 그 생명의 흐름은 영원하다.

그 길 위를 걸어 보아라. 갠지스 강에 나가 목욕을 해보아라. 카쉬에 앉아 명상해 보라. 그대 또한 그 내적인 흐름의 일부가 될 것이다. [76]

그렇다, 나는 인도를 나라가 아니라 내적인 공간으로 본다. 나는 인도를 지도상에 존재하는 지리학적 장소로 보지 않는다. 나는 인도를 그대 안에 잠재해 있는 곳으로 본다. 그대는 아직 그곳을 발견하지 못했다. 인도는 그대의 내면 가장 깊은 곳에 있는 공간이다. 인도는 국가가 아니라 그대 마음의 상태이다. [77]

까비르(Kabir)는 평생을 직공(織工)으로 살았다. 그러나 그의 제자 중에는 왕들도 있었다. 그들이 말했다. "당신이 늙은 나이에도 계속 천을 짜고 시장에 팔러 나가는 것을 볼 때마다 우리는 몸둘 바를 모르겠습니다. 당신이 원하는 것은 무엇이든지 드릴 테니 제발 그 일을 그만두십시오." 까비르가 말했다. "그것은 아무 문제도 안 된다. 나는 직공도 깨달을 수 있으며, 깨달음을 얻은 후에도 계속 직공으로 일할 수 있다는 것을 장래의 인류에게 상기시키고 싶다. 직공이라는 직업은 깨달음과 불화를 이루지 않는다. 오히려 이 일은 그의 기도가 된다. ✤ 그가 무엇을 하든, 모든 것이 존재계에 대한 감사의 표현이다. 그는 쓸모없는 짐처럼 지구상에 얹혀 있는 것이 아니다. 그는 자신이 할 수 있는 일은 무엇이든지 한다. 내가 조각가나 화가가 될 수는 없다. 그러나 분명히 말하건대, 세상의 어느 누구도 나와 같은 식으로 천을 짜지 못한다. 나는 숨결마다 기도와 감사함을 실어서 천을 짠다. 내가 만든 천은 단순히 팔기 위한 것이 아니라 신에게 바치는 것이다. 할 수 있는 한 최선을 다해 나는 이 천을 존재계에 바친다." ✤ 힌두교에서는 신을 '람(Ram)'이라고 부른다. 그런데 까비르는 자신의 가게에 오는 모든 사람을 '람'이라고 불렀다. 그는 손님에게 이렇게 말했다. "람, 나는 당신을 위해 천을 짭니다. 잘 보십시오. 이것은 보통 천이 아닙니다. 한 올 한 올 나의 감사함과 사랑, 자비, 기도가 깃들어 있습니다. 부디 이 천을 소중히 대하십시오." [78]

까비르는 모하메드교인으로 태어나 힌두교인의 손에 양육되었다. 그가 어느 쪽에 속하는지 아무 결론도 나지 않았다. 그가 임종할 때에도 이 문제 때문에 제자들 사이에서 논쟁이 벌어졌다. 힌두교인 제자와 모하메드교인 제자들이 서로 까비르의 육신에 대한 권리를 주장하고 나선 것이다. 이에 대해 아름다운 우화가 전해진다. ✤ 까비르는 자신이 죽은 후에 어떤 사태가 벌어질지 알고 있었다. 어리석은 사람들이 서로 시신을 차지하려고 불화를 일으킬 것이 뻔했다. 그래서 까비르는 다음과 같은 유언을 남겼다. "만일 불화가 일어나면 내 시신을 덮어 놓고 기다려라. 그러면 저절로 결정이 내려질 것이다." 사람들이 까비르의 시신을 덮어 놓았다. 힌두교인과 모하메드교인들이 각자 자기들의 종교에 따라 기도를 한 다음 덮개를 벗겨 보니 까비르는 온데간데 없고 몇 송이 꽃이 거기에 놓여 있었다. 그래서 사람들은 그 꽃을 나누어 가졌다. ✤ 이 우화는 아름답다. 나는 이것을 우화라고 말한다. 이것은 실제로 일어난 일이 아니다. 하지만 무엇인가 암시하는 바가 있다. 까비르와 같은 사람은 살아있을 때 이미 사라졌다. 그는 육체 안에 있지 않다. 그는 내면의 개화(開花) 속에 있다. 그의 사하스라르(sahasrar), 1천 장의 연꽃잎이 활짝 열렸다. 그대는 어느 정도까지만 육체 안에 있다. 육체는 수행해야 할 목적이 있다. 의식의 개화가 그 목적이다. 일단 의식이 개화되면 육체는 실존적 의미가 없다. 이때에는 육체가 존재하건 존재하지 않건 아무 상관도 없다. ✤ 이 우화는 아름답다. 사람들이 덮개를 벗겨 보니 몇 송이 꽃만 남아 있었다. 어리석은 제자들은 이 꽃을 보고도 이해하지 못한 채 꽃을 나누어 가졌다. 이것을 명심하라. 모든 이념은 위험하다. 이념은 사람들을 나눈다. 사람들은 힌두교인이 되고, 모하메드교인이 되고, 자이나교인이 되고, 기독교인이 된다. 이렇게 나누어진다. 모든 이념은 불화를 일으킨다. 모든 이념은 폭력적이다. 진정한 이해에 도달한 사람은 이념이 없다. 그는 분열되지 않는다. 그는 인류 전체와 하나이다. 그뿐만 아니라 존재계 전체와 하나이다. 진정한 이해에 도달한 사람은 활짝 피어난 꽃인 것이다. ✤ 까비르의 노래는 말할 수 없이 아름답다. 그는 시인이지 철학자가 아니다. 그는 어떠한 체계도 만들지 않았다. 그는 이론가나 신학자가 아니다. 교리와 경전에 관심이 없다. 그의 모든 관심은 어떻게 신이라는 꽃으로 피어나느냐 하는 것이었다. 그대를 더 사랑으로 충만하게 만들고, 더 깨어 있게 만드는 것이 그의 모든 노력이었다. 이것은 지식의 문제가 아니다. 오히려 배운 것을 버려야 한다. 이런 점에서 까비르는 아주 드문 존재이다. 붓다, 마하비라, 크리슈나, 람은 모두 특별한 사람들이다. 그들 모두가 왕이었고 교육받은 사람이었다. 그러나 까비르는 아무것도 아니다. 그는 평범한 대중의 한 사람이었고 매우 가난했다. 그는 교육과 문화의 혜택을 받지 못한 사람이었다. 이것이 그의 희소 가치이다. 내가 이것을 희소가치라고 부르는 이유는 무엇인가? 세상에서 평범해지는 것은 가장 비범한 일이기 때문이다. 그는 지극히 평범한 사람이었으며 끝까지 평범하게 남았다. 79

인도에 파리드(Farid)라고 하는 위대한 신비주의자가 있었다. 제자 중의 한 명이 다이아몬드가 박힌 황금 가위를 선물했다. 스승에게 무엇인가 주고 싶었기 때문이다. 그 가위는 보기 드문 물건이었다. 그러나 파리드가 말했다. "내가 이 물건을 무엇에 쓰겠는가? 내게 뭔가 주고 싶다면 바늘과 실을 다오. 나는 '사랑하는 자'이다. 나는 모든 것을 하나로 꿰맨다."[80]

파리드는 까비르, 나나크 등과 동시대인이었다. 나는 그를 사랑한다. 그는 노래를 통해 자신을 '파리다(Farida)'라고 불렀다. 그는 항상 자신을 이렇게 불렀다. 그의 노래는 언제나 이런 식으로 시작했다. "파리다, 듣고 있느냐? 파리다여, 깨어나라. 파리다여, 이것을 하라, 저것을 하라." 힌두어에서 '파리드'라는 이름은 존경의 뜻을 품고 있다. 그러나 '파리다'라는 이름은 존경스럽지 못하다. 종을 부를 때에나 쓰는 이름이다. 그런데 파리드는 자신을 '파리다'로 불렀다. 왜냐하면 그는 주인이기 때문이다. 몸은 그의 종이다.

파리드는 아무 책도 쓰지 않았다. 하지만 그의 노래는 제자들에 의해 기록되었다. 그의 노래는 말할 수 없이 아름답다. 그러나 이 노래는 펀잡(punjab)어로 들어야 한다. 그는 펀잡에 살았으며 펀잡어로 노래를 불렀다. 그의 노래는 가슴을 뚫고 들어오는 듯하다. 파리드의 노래를 펀잡어로 들으면 그대의 가슴이 저며올 것이다. [81]

나나크(Nanak)는 인도 전역과 외국을 여행했다. 인도의 신비주의자 중에 인도 밖까지 나간 사람은 그가 유일하다. 그리고 그는 여행중에 단 한 명의 제자를 동반했다. 그는 스리랑카를 방문했으며, 사우디아라비아의 메카(Mecca)와 메디나(Medina)까지 갔다. 이렇게 광범위한 지역을 걸어다녔다. 그가 나무 밑에 앉아 있으면 그의 제자인 마르다나(Mardana)가 악기를 연주했다. 그리고 나나크는 이 연주에 맞춰 노래를 불렀다. 그의 노래와 마르다나의 연주가 얼마나 아름다웠던지 이들의 언어를 모르는 사람들도 가까이에 와서 음악을 들으며 앉아 있곤 했다. ✿ 음악이 끝난 후에 나나크는 그저 고요하게 앉아 있었다. 그러면 음악에 끌려서 왔던 사람들도 그렇게 앉아 있었다. 그들은 나나크의 노래가 무슨 뜻인지 이해하지 못했다. 언어가 달랐기 때문이다. 일부는 떠났지만 일부는 나나크와 함께 침묵을 지키며 앉아 있었다. 나나크의 침묵 또한 강력한 자석처럼 작용했다. 그는 교육받지 못한 사람이었으며 오직 지방어인 펀잡어만 사용했다. 그러나 그는 아시아의 거의 절반에 이르는 지역에 영향을 미쳤다. 언어를 통하지 않고도 그는 사람들을 제자로 만들었다. ✿ 어떤 일화가 생각난다. 대수롭지 않은 것 같지만 엄청난 의미를 지닌 사건이다. 라홀(Lahore) 근처에 수피 신비주의자들의 캠퍼스가 있었다. 5백 년 전인 그 당시에는 매우 유명한 곳이었다. 이곳에 모이기 위해 사람들이 먼 길을 오곤 했다. 나나크 또한 그곳을 방문했다. 그가 캠퍼스 밖에서 목욕을 하고 있는데, 지도자 수피가 나나크가 왔다는 소식을 들었다. 그런데 언어가 통하지 않았다. 지도자 수피는 나나크의 언어를 몰랐고, 나나크는 지도자 수피의 언어를 몰랐다. 그래서 어떤 방법을 찾아야만 했다. 지도자 수피가 제자를 시켜 우유가 가득 담긴 잔을 나나크에게 보냈다. 완전히 차서 한 방울도 더 담을 수 없는 상태였다. 마르다나는 이해할 수 없었다. "이것이 무슨 뜻입니까? 우리에게 무엇을 어쩌라는 것입니까? 이것이 환영의 선물입니까?" 나나크가 웃음을 터뜨렸다. 그가 주변을 두리번거리더니 작은 야생화 하나를 찾아서 잔 속의 우유

위에 띄웠다. 야생화가 너무 가벼워서 우유가 조금도 넘치지 않았다. 그가 지도자 수피의 제자에게 이 잔을 다시 갖고 가라고 말했다. 지도자 수피의 제자는 생각했다. '정말 수수께끼 같은 일이다. 나는 스승님이 이 우유 잔을 보낸 이유도 모르겠다. 그런데 이 이상한 사내는 잔 속에 꽃을 띄워서 더 복잡한 수수께끼로 만들었다.' 그가 스승에게 돌아가 물었다. ✽ "무지한 저를 가르쳐 주십시오. 여기에 담긴 비밀이 무엇입니까? 이것이 무슨 일입니까?" ✽ 지도자 수피가 말했다. "내가 우유가 가득 찬 잔을 보낸 것은 '다른 데로 가시오. 이곳은 만원이 되어서 더 이상 수피를 받아들일 수 없소. 이 잔처럼 꽉 찼단 말이오. 우리는 당신을 받아들일 수 없으니 다른 데로 가 보시오.' 하는 뜻이었다. 그런데 이 남자는 잔 속에 꽃을 띄워서 돌려보냈다. 그것은 이런 뜻이다. '나는 이 꽃처럼 있겠소. 나는 어떤 공간도 차지하지 않을 것이며, 당신의 모임에 방해가 되지 않을 것이오. 나는 그저 이 꽃처럼 당신의 모임 위에 떠 있겠소.'" ✽ 지도자 수피가 달려와 나나크에게 엎드려 절하며 환영의 뜻을 표했다. 언어 없이 일어난 일이었다. 아무 말도 없었다. 나나크는 손님으로 머물며 날마다 노래를 불렀으며 수피들은 기쁨의 춤을 추었다. 나나크가 떠나는 날 수피들은 울고 있었다. 지도자 수피도 울었다. 그들 모두가 나와 나나크를 배웅했다. 그들 사이에는 단 한 마디의 말도 교환되지 않았다. 의사 소통의 가능성이 전혀 없었기 때문이다. 그러나 위대한 교류가 일어났다. [82]

동양은 신화 속에서 살아간다. 동양의 신화는 반복되는 주제를 말한다. 항상 본질이 들어 있다. 그러나 서양에서는 신화가 무의미하다. 서양에서 어떤 것을 신화로 증명하는 것은 '그것은 무의미하다'고 말하는 것과 같다. 서양에서 어떤 것을 의미 있는 것으로 증명하려면 그것이 역사적인 사실이며 시간 속에서 일어난 일이라는 단서를 내세워야 한다. 정확한 근거를 대야 하는 것이다.

삶이 반복되지 않는다는 직선(直線)적인 개념은 불안을 가져온다. 그래서 홀로 침묵 속으로 들어갈 때 그대는 걱정이 앞선다. 그중의 하나는 시간을 낭비하고 있다는 생각이다. 그대는 아무것도 하지 않고 가만히 앉아 있다. 이럴 때 '왜 삶을 낭비하는가? 이 시간은 돌이킬 수 없는 것이다'라는 생각이 든다. 서양에서는 '시간은 돈이다'라고 가르치기 때문이다. 이 말은 절대적으로 틀렸다. 재산은 부족함이 있기 때문에 창조되는 것이다. 그러나 시간은 부족하지 않다. 경제 전체가 부족함에 바탕을 두고 발전한다. 부족한 것이 있으면 그것은 가치 있는 것으로 여겨진다. 하지만 시간은 부족하지 않다. 시간은 항상 있다. 그러므로 시간은 경제적인 것이 될 수 없다. 부족하지 않으므로 재산이 될 수 없는 것이다. 그런데 우리는 계속해서 이렇게 가르친다.

'시간이 돈이다. 시간을 낭비하지 말라. 한 번 지나간 시간은 다시 오지 않는다.' 그래서 혼자만의 시간으로 들어가서 앉아 있으려고 할 때, 그대는 몇 년 몇 달을 앉아 있지 못한다. 며칠도 길다. 3일을 앉아 있으면 3일을 낭비한 것이 된다. '도대체 내가 무엇을 하고 있는가?' 하는 생각이 들기 때문이다.

두 번째로, 서양에서 존재(being)는 아무 가치도 없다. 오직 행위(doing)만이 가치가 있다. 그들은 "당신은 무엇을 했는가?" 하고 묻는다. 시간은 무엇인가 행위를 하는데 사용되어야 한다고 여기기 때문이다. 서양에서는 "빈 마음은 악마의 일터이다"라고 말한다. 그래서 홀로 앉아 있을 때 그대는 두려워진다. 그

라자스탄, 자이살메르, 거리의 악사

대는 아무것도 하지 않고 시간을 낭비하고 있다. '여기에서 내가 무엇을 하고 있는가? 그저 앉아서 시간을 낭비하고 있지 않은가?' 하는 회의가 계속 일어난다. 마치 존재가 쓰레기라도 되는 것처럼……. 서양에서는 시간을 활용하고 있다는 것을 증명하기 위해 무엇인가 해야 한다. 이것이 동양과 서양의 차이점이다.

고대에는, 특히 동양에서는 그저 존재하는 것만으로도 충분했다. 다른 것을 증명할 필요가 없었다. 아무도 "당신은 무엇을 했는가?" 하고 묻지 않았다. 그대의 존재만으로도 충분히 수용되었다. 그대가 침묵하고, 평화롭고, 지복으로 차 있다면 그것만으로도 충분했다. 그런 까닭에, 동양에서는 구도자들에게 일을 해야 한다고 요구하지 않았다. 항상 우리는 일을 버린 구도자들이 일에 종사하는 사람들보다 더 낫다고 생각했다. 동양은 전혀 다른 분위기를 지니고 있었다. 존재가 존중되었으며, 아무도 "당신은 무엇을 했는가?"라고 묻지 않았다. 모든 사람이 그저 "당신은 누구인가?"라고 물었다. 이것으로 충분하다! 만일 그대가 침묵하고 평화롭다면, 사랑과 자비가 거기에 있다면 그것만으로도 충분하다. 그대를 위해 봉사하고 도와주는 것은 사회의 의무였다. 아무도 "당신은 일을 해야 한다. 당신은 무엇인가 창조해야 한다"고 말하지 않았다. 동양에서는 자기 자신으로 존재하는 것이 최고의 창조로 여겨졌다. 그런 사람의 현존을 아주 가치 있게 여긴 것이다. 그런 사람만이 몇 년 동안을 침묵 속으로 들어갈 수 있었다. 83

인도는 신과 반대되는 실체를 만들지 않은 유일한 나라이다. 기독교, 모하메드교, 유태교, 조로아스터교는 모두 악마를 만들었다. 오직 인도에서만 별도의 악마 없이도 신의 가능성이 인정되었다. 악마를 별도로 창조하는 것은 신을 인정하지 않는 것과 크게 다를 바가 없다. 왜냐하면 신과 악마 사이에 끊임없이 갈등이 일어날 것이기 때문이다. 그것은 끝이 없는 마찰이다. 나는 이런 이야기를 들었다.

물라 나스루딘이 임종을 맞고 있었다. 그의 마지막 고백을 듣기 위해 성직자가 왔다. 성직자가 말했다.

"이제 죽음의 시간이 임박했으니 회개하시오. 신께 용서를 구하고 악마를 물리치시오."

물라가 침묵을 지켰다. 성직자가 물었다.

"내가 하는 말을 듣지 못했습니까? 마지막 순간에 망설여서는 안 됩니다. 시간이 없어요."

물라가 말했다.

"나는 마지막 순간에 아무의 감정도 건드리고 싶지 않소. 나는 내가 어디로 갈지 모르오. 그래서 침묵을 지키는 것이오. 나는 사후(死後)에 누구와 있게 되건 그를 받아들여야 하오. 그러니 이 미묘한 순간에 나를 강요하지 마시오. 내가 신에게 갈지 아니면 악마에게 갈지 확실하지 않소. 그러니 둘 중의 하나라도 화나게 할 필요가 있겠소? 지금은 내가 건재할 때와 다른 상황이오. 이 최후의 순간에는 조용하게 입을 다물고 죽는 것이 낫겠소."

만일 신과 악마가 함께 존재한다면 이 존재계는 이원적(二元的)일 수밖에 없으며, 이 이원성을 초월하는 것은 불가능할 것이다. 그래서 성자들은 존재계가 이원적이라고 말하지 않는다. 그들은 우리 눈에 보이는 세계가 이원적이라고 말한다. 존재계 자체는 이원적이지 않다. 그렇다면 이 비이원성을 어떻게 표현하는가? 긍정이나 부정 둘 중의 하나를 선택해서 말하면 이미 이원성에 빠지고 만다.

비이원성을 표현하는 데에는 오직 두 가지 방법밖에 없다. 긍정과 부정, 즉 푸르나(purna)와 수냐(shunya) 둘 다를 동시에 말하거나, 아니면 긍정과 부정,

둘 다를 말하지 않아야 한다. 이것은 오직 공(空), 수냐밖에 없다는 뜻이기도 하고, 신이 모든 것을 포괄한다는 뜻이기도 하다. 또한 만물이 신이라는 의미도 될 것이다.

이런 설명은 서양에서 큰 혼란을 일으켰다. 특히 기독교 사상가들이 당황했다. 그들은 이렇게 생각했던 것이다.

"만물이 신이라면 악(惡), 질병, 불행, 죽음 따위는 무엇인가? 이런 것들은 어떻게 되는가? 이것들 또한 신의 일부란 말인가?"

신을 포괄적인 존재로 받아들이는 사람들은 악(惡) 또한 신으로 받아들여야 할 것이다. 도둑도 신이다. 물론 도둑신이 되기는 하지만 어쨌든 신은 신이다. 기독교는 이런 사상을 받아들이기가 어려웠다. 도둑도 신이고 악마도 신이라면 인간은 무엇을 선택해야 하는가? 어느 쪽을 선택할 것인가? 이때 악은 어떻게 되는가? 푸르나(purna)의 세계에서는 아무것도 악하지 않다. 모든 것이 신이라면 아무것도 악이 될 수 없다. 세상에는 기근과 홍수, 전쟁이 있고, 이런 재앙 때문에 사람들이 죽어 간다. 그런데 힌두교인들은 이런 것 또한 신이라고 말한다. 그들은 이렇게 말할 용기를 가진 유일한 사람들이다. 이런 용기는 너무나 엄청나기 때문에 그대가 이해할 수 있는 범위를 벗어난다. 그대의 마음은 "그런 말을 부정하라! 신과 관계를 맺고 악을 버려라"라고 말한다. 그러나 이 성자들은 이렇게 말할 것이다.

"그렇다면 악의 자리는 어디에 있는가? 이때 그대는 별개의 악마를 만들어내야 할 것이다."

악 또한 신의 일부라면 궁극적으로 악은 악이 될 수 없다. 악은 그대 인식의 오류에서 생기는 부산물일 뿐이다. 그대가 전체를 조망하지 못하기 때문에 이런 오해가 생기는 것이다. 84

명상은 문제의 뿌리 자체를 잘라버린다. 마음이 유일한 문제이다. 마음을 넘어서지 않는 한 절대로 문제에서 벗어날 수 없다. 동양은 깨달은 사람들을 많이 배출했지만, 그들 중의 어느 누구도 마음의 분석에 매달리지 않았다. 그런데 오늘날까지 서양의 심리학자들은 이런 사실에 대해 생각조차 하지 않는다. 이상한 일이다.

종교, 철학, 신학 등 서양의 문헌에는 마음을 넘어서는 개념이 없다. 반면에 동양의 철학적 문헌에서는 정신 분석과 심리학에 중요성을 부여하는 어떠한 언급도 발견되지 않는다. 서양은 마음과 더불어 살아 왔으며, 동양은 마음을 넘어서 살아 왔다. 그러므로 그들이 추구하는 과제는 같지 않다. 동양은 오직 한 가지 탐구에 몰두했다. 동양의 선각자 모두가 오직 한 가지 과제, 어떻게 하면 마음을 넘어서느냐 하는 문제에 몰두했던 것이다. 85

<hr />

여기, 동양에서 말하는 명상은 그대가 안에 들어가 떠 있을 수 있는 어떤 것이다. 그대 주변의 에너지 전체가 강과 같다. 이 강은 이미 바다를 향해 흐르고 있다. 헤엄칠 필요도 없이 그저 둥둥 떠내려가기만 하면 된다. 그러나 서양에서 그대는 흐름을 거슬러 투쟁해야 한다. 서양에서는 수천 년 동안 이어진 외향적인 마음이 전혀 다른 종류의 에너지를 창조했다. 단순히 다른 데 그치지 않고 동양과 정반대 되는 에너지가 창조되었다. 서양의 에너지는 외부 지향적이다. 86

여섯,
어두운 밤하늘을
가르는 번갯불

인도에서 우리가 명상적 경험,
직관적 경험이라고 부르는 것은
번갯불처럼 모든 것을 동시에 드러내 준다.
그래서 진리가 전체적으로 드러난다.

구랄(Gulal)은 불레샤(Bulleshah)의 제자였다. 불레샤에게는 많은 제자가 있었으므로 이것은 특별한 일이 아니다. 많은 스승이 있었고, 그 밑에 수많은 제자들이 있었다. 그러므로 구랄이 불레샤의 제자였다고 해서 특별한 일은 아니다. ❀ 그런데 전례가 없는 일은, 구랄은 지주(小地主)였으며, 그 밑에 부라키 람(Bulaki Ram)이라는 목동이 있었다. 이 목동은 언제나 희열에 넘쳐서 사는 사람이었다. 그의 걸음걸이는 남과 달랐으며, 그의 눈은 술에 취한 듯했다. 그의 행동거지에는 언제나 기쁨이 넘쳐 흘렀다. 그는 아무것도 가진게 없었지만 항상 즐거움에 넘쳐 흘렀다. ❀ 그의 벌이는 하루에 두 끼를 먹기에도 빠듯했지만 그것만으로 충분했다. 아침마다 그는 일하러 들판에 나가고 저녁때가 되면 피곤해져서 돌아왔다. 그러나 그의 행복이 식어 있는 모습을 본 사람은 아무도 없었다. 그의 주변에는 언제나 지복의 오라(aura)가 감돌고 있었다. ❀ 사람들이 그에 관한 이야기를 구랄에게 전했다. "이 목동은 일을 하지 않습니다. 우리는 그가 들판에서 춤을 추는 것을 본 적이 있습니다. 그는 피리를 아주 잘 붑니다. 하지만 그것이 소를 돌보는 일과 무슨 상관이 있습니까? 당신께서는 그를 일하라고 들판에 보냈지만 우리는 그가 일하는 것을 본 적이 없습니다. 그는 그저 눈을 감고 나무 밑에 앉아 있습니다. 그의 곁을 지나칠 때면 기쁨의 물결 같은 것이 느껴지는 것은 사실입니다. 하지만 그것이 들판에서 일하는 것과 무슨 상관이란 말입니까?" ❀ 많은 사람들이 이런 식으로 불평하기 시작했다. 그리고 구랄은 지주였다 지주에게는 지주로서의 에고가 있다. 그는 부라키 람에 대한 보고를 무시했다. 이런 식의 보고가 계속 올라왔지만 그는 신경쓰지 않았다. 그러던 어느 날 아침, 사람들이 다른 소식을 갖고 왔다. "주인님께서는 그에게 씨앗을 심으라고 시키셨지요. 그런데 소들은 쟁기를 옆에 두고 서 있으며, 부라키 람은 나무 밑에 눈을 감고 앉아서 빈둥거리고 있습니다." ❀ 이 말을 들은 구랄이 크게 화를 냈다. "이 나쁜 놈, 게으른 자식 같으니라고! 사람들 말이 옳다. 당장 혼쭐을 내줄 테다!" ❀ 그가 들판으로 달려가

부라키 람을 뒤쪽에서 거세게 걷어찼다. 부라키 람이 땅바닥에 곤두박질쳤다. 그가 눈을 뜨고 구랄을 쳐다보는데 눈물이 가득 고여 있었다. 사랑과 행복의 눈물이었다. 그가 구랄에게 말했다. "주인님, 이 은혜를 어떻게 갚아야 합니까? 이 고마움을 어떻게 표현해야 할지 모르겠습니다. 저는 명상 중에 조그만 장애물에 걸려 있었습니다. 아무리 없애려고 해도 없어지지 않던 그 장애물을 당신의 발길질이 없애 버렸습니다. 주인님, 당신은 기적 같은 은혜를 베푸셨습니다! ❧ 명상에 깊이 들어갈 때마다 저의 문제는……, 저는 가난한 사람이지만 성자들을 초청하여 잔치를 베풀고 싶었습니다. 하지만 제게 그런 능력이 있을 리 만무하지요. 그래서 저는 명상에 들어갈 때마다 상상으로 그분들을 초대하고 잔치를 벌였습니다. 많은 성자와 스승들이 찾아오셨고, 저는 그분들에게 음식을 대접했습니다. 그렇게 저는 상상 속에서 즐거워하고 있었습니다. 우아한 성자 분들이 얼마나 많이 오셨는지 모릅니다. ❧ 그런데 갑자기 주인님이 저를 걷어찼습니다. 그때 저는 커드(curd)를 나르는 중이었습니다. 그릇이 떨어져서 깨지고, 커드가 쏟아지면서 사방에 튀었습니다. 주인님, 당신은 기적을 행하셨습니다. 그릇이 깨지는 것과 동시에 그 많은 음식과 성자들 모두가 사라졌습니다. 그 모두가 환상이었습니다. 갑자기 저는 환상에서 깨어났고, 주시자만 남았습니다." ❧ 그의 눈에서 감사의 눈물이 흘렀다. 몸이 넘치는 희열로 떨고 있었다. 부라키 람이 빠져 있는 이런 상태는 구랄이 난생 처음 보는 것이었다. 구랄까지 부라키 람의 내면에 일어난 돌풍에 휩싸이게 되었다. 구랄의 눈에서는 이미 장막이 걷혔다. 그는 부라키 람이 단순히 목동이 아니라는 것을 깨달았다. "나는 평생 동안 스승을 찾아다녔다. 그런데 그분이 나의 소와 밭을 돌보고 있었다니!" 구랄이 무릎을 꿇고 엎드려 절했다. 이제 부라키 람은 더 이상 없었다. 그는 불레샤가 되었다. [87]

명상은 마음을 지우는 방편이다. 마음이 지워지는 순간, 그대의 몸은 완벽한 아름다움을 갖게 된다. 두뇌가 아무 소음도 없이 고요해진다. 뇌가 마음에서 해방되는 순간, 이 순수해진 뇌는 우리가 영혼이라고 부르는 새로운 공간을 깨닫게 된다.

일단 영혼을 발견하면 그대는 집을 찾은 것이다. 그대는 사랑의 샘을 찾았으며, 고갈되지 않는 희열의 원천을 발견한 것이다. 그대는 존재 전체가 그대를 위해 춤추고 노래할 준비가 되어 있다는 것을 알았다. 그대는 존재하는 모든 것이 강렬하게 살고 행복하게 죽는 것을 알았다. 이런 일이 자연스럽게 일어난다. [88]

등불을 들고 길을 찾는 것은 인도의 방식이 아니다. 인도의 방식은 어두운 밤에 번개가 치는 것과 같다. 번개가 치면 모든 것이 한눈에 들어온다. 처음에 조금 보고, 그 다음에 조금 더 보고, 그 다음에 또 조금 더 보고 하는 식이 아니다. 모든 것이 한꺼번에 드러난다. 번갯불은 모든 길을 한꺼번에 보여준다. 지평선까지 모든 것이 동시에 눈에 들어온다. 더 이상 생각에 변화가 일어나지 않는다. 진리가 이미 드러났기 때문이다.

그리스에서는 생각을 통해 진리를 추구했다. 이것을 그들은 '논리'라고 불렀다. 그러나 우리가 인도에서 명상적 경험, 직관이라고 부르는 것은 번갯불처럼 모든 것을 한꺼번에 보여준다. 진리가 전체적으로 드러나는 것이다. [89]

랄(Lal)은 미치광이 중에서도 미치광이다. 신비주의로 가는 그의 여행은 아주 이상한 방식으로 시작되었다. 그에 관한 다른 정보는 더 이상 찾아볼 수도 없을 뿐만 아니라 필요하지도 않다. 그가 어느 마을, 어느 집에 태어났는지, 그의 부모가 누구였는가 하는 문제는 아무 의미도 없다. 그의 신비주의가 탄생한 유래, 그가 깨달음을 얻은 사연, 라자스탄(Rajasthan)에서 온 이 가난한 청년의 삶에 갑자기 진리의 촛불이 옮겨 붙은 사연, 초승달이 어느 날 갑자기 만월(滿月)이 된 사연……. 이것이 그의 이력이다. 랄의 삶에 신이 그런 식으로 찾아오리라곤 아무도 생각하지 못했다. ❀ 그는 결혼식을 마치고 친구들과 함께 집으로 돌아오는 길이었다. 악대와 축하의 행렬이 줄을 이었다. 그들은 리크마데사르(Likhmadesar) 마을을 지나가는 중이었는데 그곳에는 쿰브나트(Kumbhnath)라는 기이한 성자가 살고 있었다. 그는 깨달은 사람이었다. 그는 종교와 전통에 관심이 없었다. 신이 준 모든 것을 그는 아낌없이 나누어 주었다. 나누어 주는 사람에게 신은 계속해서 더 많은 것을 주는 법이다. 이 재산은 끝이 없다. ❀ 랄은 결혼식을 마친 후 신부를 데리고 집으로 돌아가는 중이었다. 중간에 리크마데사르를 지나게 되었을 때 그는 쿰브나트를 찾아가 보기로 했다. 그는 쿰브나트처럼 멀리까지 향기를 퍼뜨리는 성자를 그냥 지나칠 수가 없었다. 쿰브나트의 향기는 불과 같았다. 그것은 꽃의 향기가 아니라 불꽃의 향기였다. 쿰브나트의 향기가 멀리까지 퍼져 나가고 있을 때 랄은 '그를 만나보아야 한다. 이런 성자의 축복을 받는 것은 좋은 일이다' 라고 생각했다. 랄은 방금 결혼식을 마치고 새로운 삶을 시작하려는 중이었다. 이런 처지에 있는 사람이라면 누군들 성자의 축복을 원하지 않겠는가? 그러나 그는 자신이 어떤 축복을 받을지 알지 못하고 있었다. ❀ 그곳에 도착했을 때 랄은 색다른 것을 보았다. 쿰브나트는 산 채로 매장될 준비를 하고 있었다. 이미 구덩이가 파인 상태였으며 이제 쿰브나트가 들어가기만 하면 되었다. 그것은 작별 인사를 하는 마지막 순간이었다. 쿰브나트는 프라사드(prasad, 특별한 행사가 있는 날

이나 의식을 행하는 장소에서 축복을 기원하면서 주는 단 과자(스위트, sweet);역
주) 를 나누어 줌으로써 축복을 내려주고 있었다. 랄 또한 그것을 받았다. 무덤
으로 들어가기 전에 쿰브나트가 주변을 둘러보며 외쳤다. "아직도 받을 사람이
남았는가?" 그는 프라사드를 나누어 주었으며 모든 사람이 그것을 받은 상태
였다. 그러나 이제 그는 다른 종류의 프라사드, 눈에 보이지도 않고 교환하거
나 전달할 수 없는 프라사드에 대해 말하고 있었다. 가슴에서 가슴으로 훌쩍
옮겨지는 것, 손에서 손으로 옮겨지는 것이 아니라 영혼에서 영혼으로 옮겨지
는 것에 대해 말하고 있었다. ✿ 사람들이 주변을 둘러보았다. 모든 사람이 프
라사드를 받은 상태였다. 그런데 그는 무슨 프라사드를 말하는 것일까? 이때
랄이 앞으로 나가 무릎을 꿇고는 거지처럼 양손을 내밀었다. 그의 눈에 눈물이
가득 고여 있었다. 무슨 일인가 일어난 것이다. 붓다와 마하가섭 사이에 일어
났던 것과 똑같은 일이 일어났다. 붓다는 꽃이라도 주었지만 쿰브나트와 랄 사
이에는 꽃 한 송이도 주어지지 않았다. 그럼에도 불구하고 랄은 변형되었다.
이 귀의를 통해 랄은 변형되었다. 생전 처음으로 랄은 내면의 자기를 보았다.
난생 처음으로 내면의 보물을 느꼈던 것이다. 이 일은 빛이 들어오는 즉시 어
둠이 사라지는 것과 같다. 성자의 빛이 들어오자 어둠이 사라졌다. 랄은 자기
자신을 깨달았다. 그가 스승의 발 아래 엎드려 절했다. 쿰브나트는 마지막 순
간까지 빛을 밝혀 준 것이다. 그는 무덤으로 들어가는 순간에도 "아직 받을 자
가 있는가?" 하고 물었고, 그것을 받아 가질 수 있는 한 사람을 발견했다. 그
자리에는 수백 명이 있었지만, 오직 한 사람이 쿰브나트의 부름을 들었다. 단
한 사람만이 귀의할 준비가 되어 있었다. 귀의하는 사람은 채워지기 마련이다.
랄은 용해되어 없어질 준비가 되어 있었다. 그리고 그는 다시 태어났다. 90

주목할 만한 사실이 있다. 세상의 모든 스승은 이야기와 우화를 들려준다 왜 그럴까? 그렇게 많은 이야기를 들려줄 필요없이 그냥 진리를 말할 수도 있지 않을까? 그러나 밤은 길고, 스승은 그대를 깨어 있게 해야 한다. 이야기를 들려주지 않으면 그대는 잠들고 말 것이다. 아침이 올 때까지는 그대를 이야기에 몰두하게 만들어야 한다. 스승들이 말하는 이야기는 가장 흥미진진한 것이다. ✿ 진리를 말로 표현하는 것은 불가능하다. 그러나 진리를 볼 수 있는 지점까지 그대를 데리고 갈 수는 있다. 문제는 그대를 그 지점까지 어떻게 데리고 가느냐 하는 것이다. 사르마드(Sarmad)의 삶에 얽힌 일화가 있다. 그가 제자들을 가르치다가 갑자기 말했다. "교실 밖으로 나가자. 밖에 흥미있는 일이 벌어지고 있다." 그래서 모두 밖으로 나갔다. 밖에서 한 사람이 황소를 끌고 가려고 씨름하고 있었다. 그 남자는 아주 힘이 셌다. 그러나 황소는 역시 황소다. 그는 황소를 끌고 가기는커녕 황소에게 끌려가고 있었다. 사르마드가 제자들에게 말했다. "이 상황을 잘 보아라." 제자들이 물었다. "무슨 뜻입니까?" 사르마드가 말했다. "너희들과 나 사이에도 똑같은 상황이 벌어지고 있다. 하지만 나는 이 사람처럼 어리석지 않다." 사르마드가 남자에게 말했다. "여보시오. 황소를 다루는 게 처음이오?" 남자가 말했다. "저는 새로 온 일꾼인데 도시 출신이기 때문에 어떻게 해야 할지를 모릅니다. 벌써 몇 시간째 이러고 있는데 언제 끝날지도 모르겠습니다." 사르마드가 말했다. "그렇게 무모한 시도는 그만두시오. 당신은 시골의 방식을 모르는 모양이군. 특히 황소의 습성에 대해서." 그런 다음 사르마드가 풀을 들고 황소 앞에서 걸어갔다. 황소를 건드리지도 않는데 황소가 그를 따라가기 시작했다. 사르마드가 걸음을 빨리 하자 황소도 더 빨리 걸었다. 남자가 말했다. "정말 훌륭하군요. 끌어당기지도 않았는데 황소가 제 발로 따라가는군요. ✿ 사르마드가 말했다. "자, 이 풀을 잡으시오. 하지만 황소가 풀을 먹게 해서는 안 되오. 그가 말을 안 들으면 이 풀을 들고 달려가시오. 그러면 황소도 같이 뛰어갈 것이고, 당신은 집에 도착할 것이오.” ❧ 그가 제자들에게 말했다. “이것이 내가 그대들에게 하는 일이다. 모든 우화와 이야기는 황소를 유인하는 풀이다.” 91

아쉬타바크라(Ashtavakra)는 진리를 말한다. 그는 어떠한 기교도 부리지 않고 진리를 있는 그대로 말한다. 그는 청중에게 관심이 없다. 그는 청중이 이해할 것인지 아닌지 고려하지 않는다. 그처럼 순수하게 진리를 표현한 것은 전무후무한 일이었다. 아쉬타바크라에 대해서는 많이 알려져 있지 않다. 그는 사회적이고 정치적인 인물이 아니었다. 따라서 역사에는 그에 대한 설명이 없다. 단지 몇 개의 일화가 알려져 있을 뿐이다. 이 몇 안 되는 일화는 믿을 수 없을 만큼 경이롭다. 만일 이 일화를 이해한다면 아주 깊은 곳에 숨어 있는 의미를 이해하게 될 것이다. ✤ 첫 번째 일화는 아쉬타바크라가 태어나기 전, 그가 아직 태아였던 시기로 거슬러 올라간다. 그의 아버지는 유명한 학자였다. 아쉬타바크라가 뱃속에 있는 동안 아버지는 날마다 베다를 암송했고, 아쉬타바크라는 엄마의 뱃속에서 그것을 들었다. 어느 날 아버지는 부인의 뱃속에서 어떤 목소리가 나오는 것을 들었다. ✤ "그만해요! 이것은 모두 엉터리에요. 이 따위 경전에는 지혜가 없어요. 말잔치일 뿐이지요. 경전에 지혜가 있다고 생각하세요? 지혜는 자기 자신 안에 있어요. 말 속에 진리가 있다고 생각하세요? 진리는 자기 자신 안에 있어요." ✤ 당연히 그의 아버지는 화가 났다. 첫째, 그는 아기의 아버지인데다 최고가는 학자였기 때문이다. 그런데 아들이 엄마의 뱃속에 숨어서 시건방진 말을 하다니! 아직 태어나지도 않은 녀석이 말이다. 아버지가 크게 격분했다. 아버지의 에고가 직격탄을 맞은 것이다. 거기에다 학자로서의 에고……. 그는 유명한 푼디트(pundit)였다. 뛰어난 논쟁가였으며 경전에 박학다식한 인물이었다. 격분을 참지 못한 그가 태내의 아기에게 저주를 내렸다. 사지의 여덟 군데 관절이 뒤틀려서 태어나라. 그래서 아이의 이름은 아쉬타바크라가 되었다. 여덟 군데가 휘었다는 뜻이다. 그는 신체의 여덟 군데가 엉망으로 비틀어진 불구자였다. 낙타처럼 등이 굽은 꼽추였다. 분노를 못 이긴 아버지가 그를 추한 불구자로 만든 것이다. ✤ 아쉬타바크라가 열두 살 때, 자나크(Janak) 왕이 큰 규모의 토론 대회를 열었다. 그가 온 나라의 푼디트를 초대했다. 그는 왕궁 문 앞에 천 마리의 소를 세워 놓았다. 그 소들은 다이 아몬드와 여러 가지 보석이 박힌 황금의 뿔을 갖고 있었다. 그는 토론 대회의 승자에게 이 소들을 상으로 주겠다고 선포했다. 그것은 대규모의 대회였으며 아쉬타바크라의 아버지 또한 참가했다. 땅거미가 질 즈음 아쉬타바크라는 아버지가 지고 있다는 전갈을 받았다. 그의 아버지는 다른 사람들을 모두 꺾고 올라갔지만 반딘(Vandin)이라는 이름의 푼디트에게 밀리고 있었다. 이 소식을 들은 아쉬타바크라가 왕궁으로 갔다. 토론이 막바지를 향해 치닫고 있었다. 결판을 지을 때가 다가오고 있었다. 그의 아버지는 이미 완벽하게 지고 있었다. 결과는 보나마나 뻔했다. 단지 시간이 문제였던 것이다. 아쉬타바크라가 토론장으로 들어갔다. 그 자리에는 내노라 하는 학자들이 모여 있었다. 그가 들어서자마자 장내에 폭소가 일었다. 여덟 군데나 비틀어진 그의 몸은 움직임 자체가 웃음거리였기 때문이다. 토론장이 웃음으로 어수선해졌으며 아쉬타바크라 또한 큰소리로 웃었다. ❖ 자나크 왕이 말했다. "이 사람들이 웃는 것은 이해할 만하다. 그런데 아이야, 너는 왜 웃지?" 아쉬타바크라가 말했다. "제가 웃는 것은 신발공들이 모인 자리에서 진리가 논의되고 있기 때문입니다. 이 신발공들이 여기에서 무엇을 하는 것입니까?" 잠시 정적이 흘렀다. 신발공이라고? 왕이 물었다. "그 말이 무슨 뜻이냐?" 아쉬타바크라가 말했다. "말 그대로입니다. 그들은 가죽만 보고 나를 보지 못합니다. 저보다 순수하고 단순한 사람은 드뭅니다. 그런데 이들은 그것을 보지 못하고 비틀리고 휘어진 몸뚱이만 보는군요. 그들은 신발공입니다. 가죽만 보고 판단하니까요. 왕이시여, 사원의 구부러진 곳에서 하늘도 구부러집니까? 항아리가 깨지면 공기도 깨집니까? 하늘은 변하지 않습니다. 비록 내 몸은 구부러지고 뒤틀렸을망정 나는 아닙니다. 이 몸의 안쪽에 있는 사람을 보십시오. 그보다 곧고 순수한 사람을 발견할 수 없을 것입니다." 놀라운 선언이었다. 아무도 입을 열지 못했다. 한동안 침묵이 흘렀다. 자나크 왕은 큰 충격을 받았다. "맞다. 우리는 신발공의 무리이다. 우리가 여기에 모여 앉아 무엇을 하고 있는가?" 그가 크게 후회했다. '나 또한 웃지 않았던가?' 하는 죄책감이 들었다. 그 날 왕은 아무 말도 할 수 없었다. 그러나 다음 날 아침, 그는 말을 타고 나갔다가 아쉬타바크라를 만났다. 왕이 말에서 내려 절했다. 전날 그는 만인이 있는 자리에서 용기를 낼 수 없었던 것이다. 전날 그는 "아이야, 너는 왜 웃느냐?" 하고 말했었다. 아쉬타바크라는 열두 살의 소년이었으며, 자나크 왕은 그가 아이라는 것만 보고 섣불리 판단했었다. 그러나 이제 그는 아쉬타바크라의 나이를 상관하지 않았다. 그가 말에서 내려 아쉬타바크라의 발 밑에 엎드렸다. ✤ 그가 말했다. "부디 왕궁으로 오셔서 저를 가르쳐 주소서. 간밤에 저는 한숨도 자지 못했습니다. 당신의 말은 옳았습니다. 신체만 보는 사람들의 이해에 무슨 깊이가 있겠습니까? 그들은 영혼에 관해 논하고 있지만 신체에 대한 이끌림과 반감이 아직 남아 있습니다. 미움과 좋음이 있습니다. 그들은 불멸에 대해 토론하지만 죽음에 집착하고 있습니다. 당신이 오셔서 충격을 준 것은 제게 얼마나 다행한 일인지 모릅니다. 제 꿈이 깨졌습니다. 이제 왕궁으로 오십시오." 궁전에서 자나크 왕은 아쉬타바크라를 극진하게 대접했다. 그는 열 살의 이 소년을 황금의 옥좌에 앉히고 여러 가지 질문을 하면서 가르침을 구했다. 우리는 아쉬타바크라에 대해 이 이상 아는 게 없다. 그러나 더 이상 알 필요도 없다. 이것으로 충분하고도 남는다. 조약돌과 바위는 흔하디 흔하지만 다이아몬드는 많지 않다. 하나의 다이아몬드만 있어도 충분하다. 92

라자스탄, 조드뿌르의 메랑가르 포트

아티샤(Atisha)는 보기 드문 스승 중의 한 사람이다. 그는 세 명의 깨달은 스승에게 가르침을 받았다. 이런 점에서도 그는 드문 경우에 속한다. 이것은 전무후무한 일이다. 제자 한 명이 세 명의 스승을 가진다는 것은 믿을 수 없는 일이다. 한 명의 스승으로도 충분하기 때문이다. 그러나 그가 세 명의 스승에게 가르침을 받았다는 이야기는 상징적인 의미를 지닌다. 또한 이것은 역사적으로 사실이기도 하다.

아티샤가 몇 년을 함께 지낸 첫 번째 스승은 다르마끼르띠(Dharmakirti)였다. 다르마끼르띠는 불교의 신비주의자로 무심(無心)과 공(空)을 가르쳤다. 그는 무념의 상태로 들어가는 법, 마음의 모든 내용물을 비우고 텅 비는 법을 가르쳤다. 두 번째 스승 역시 불교의 신비주의자였는데 그의 이름은 다르마라크쉬타(Dharmarakshita)였다. 그는 사랑과 자비를 가르쳤다. 세 번째 스승인 요긴 마이트레야(Yogin Maitreya) 역시 불교 신비주의자였다. 그는 다른 사람의 고통을 받아들이고 그것을 가슴 깊이 흡수하는 법, 즉 행동적인 사랑을 가르쳤다.

아티샤는 이렇게 세 명의 스승에게서 배웠기 때문에 '위대하고, 위대하고 또 위대한 아티샤'로 불린다. 그의 일상적인 삶에 대해서는 더 이상 알려진 바가 없다. 그가 정확히 언제 어디에서 태어났는지 우리는 모른다. 그는 11세기쯤에 존재했던 인물이며 인도에서 태어났다. 그러나 그의 사랑이 행동화되면서 그는 티벳으로 갔다. 마치 강력한 자석이 그를 그곳으로 끌어당기는 것 같았다. 히말라야에서 그는 깨달음을 얻었으며 다시는 인도로 돌아오지 않았다.

그는 티벳으로 가서 사랑의 비를 뿌려 주었다. 그는 티벳의 의식 전체를 변형시켰다. 그는 기적의 일꾼이었다. 그가 만진 것은 무엇이든지 황금으로 변했다. 그는 세상에 알려진 가장 위대한 연금술사 중의 한 사람이었다. [93]

⚜

'마음을 닦는 일곱 가지 핵심적인 방법(The Seven Point of Mind Training)'은 아티샤가 티벳에 준 기본적인 가르침이다. 이것은 인도가 티벳에게 준 선물이다. 인도는 세상에 훌륭한 선물들을 주었다. 아티샤도 그 선물 중의 하나이다. 인도는 중국에 보디달마(Bodhidharma)를 준 것처럼 티벳에 아티샤를 주었다. 티벳은 아티샤에게 엄청난 빚을 지고 있다. [94]

네팔, 깔리간다키 계곡

오늘 아침이 너무 아름다워서 나는 잠시 히말라야의 일출(日出)을 생각했었다. 히말라야에서 백설(白雪)에 둘러싸여 있을 때, 나무들이 면사포를 쓴 신부처럼 하얀 눈꽃을 피우고 있을 때에는 아무도 수상이나 대통령, 왕이나 왕비에 대해 신경 쓰지 않는다. 사실상 왕이나 왕비는 카드놀이에서만 존재한다. 그곳이 그들이 속한 자리이다. 대통령과 수상은 조커(joker)의 자리를 차지할 것이다. 그들은 그 이상의 대접을 받을 가치가 없다. 히말라야의 하얀 눈꽃 나무들……, 그 나뭇잎에서 눈송이가 떨어지는 것을 볼 때마다 나는 어린 시절의 나무를 떠올리곤 했다. 그런 나무는 아마 인도에만 있을 것이다. 그 나무의 이름은 마두 말티(madhu malti)이다. 마두는 달콤하다는 뜻이고, 말티는 왕비라는 뜻이다. 세상에서 그렇게 아름답고 강렬한 향기는 없을 것이다. 알다시피 나는 향기에 알레르기가 있어서 금방 알 수 있다. 나는 향기에 매우 민감하다. 그대는 마두 말티보다 더 아름다운 나무를 상상할 수 없을 것이다. 신(神)은 그 나무를 분명히 마지막 제 7일에 만들었을 것이다. 그는 세상의 모든 근심 걱정과 바쁜 일에서 해방된 후, 남자와 여자까지 만들고 난 뒤, 일요일에 마두 말티를 만들었을 것이다……. 단지 자신의 오랜 습관인 창조 작업의 일환으로 말이다. 오래된 습관을 버리기는 어렵다.

마두 말티는 한꺼번에 수천 송이의 꽃들을 피운다. 여기 하나, 저기 하나 피는 식이 아니다. 그것은 마두 말티의 방식이 아니다. 나의 방식도 아니다. 마두 말티는 풍요와 사치 속에 수천 송이의 꽃으로 핀다. 꽃이 하도 많아서 잎사귀가 보이지 않을 정도이다. 나무가 온통 하얀 꽃으로 덮인다.

눈 덮인 나무들은 항상 나에게 마두 말티를 생각나게 했다. 물론 눈에는 향기가 없다. 내게는 다행한 일이다. 안타깝게도 나는 다시 마두 말티 꽃을 가까이할 수 없다. 마두 말티의 향은 너무 강해서 몇 마일까지도 퍼져 나간다. 이것은 과장이 아니다. 한 그루의 마두 말티만 있으면 온 마을이 그 향기로 가득 찬다. 95

세상에서 가장 큰 산인 히말라야가 또한 가장 젊은 산이라는 것을 알면 그대는 놀랄 것이다. 힌두교의 가장 오래된 책인 '리그 베다(Rig Veda)'에는 히말라야에 대한 언급이 없다. 이것은 아주 이상한 일이다. 왜냐하면 이 책은 히말라야와 아주 가까운 곳에서 씌여졌기 때문이다. 리그 베다에는 강 이름들이 나온다. 지금은 사라진 사라스와티(Saraswati) 강까지 나와 있다. 그런데 히말라야는 나와 있지 않다. 히말라야는 아주 새롭고 젊은 산이다. 아직도 자라고 있다. 매년 히말라야는 조금씩 높아지고 있다.

세상에서 가장 높은 산은 빈드야찰(Vindhyachal)이다. 내가 태어난 마을은 빈드야찰과 아주 가깝다. 그 산은 아주 오래되었다. 노인과 같아서 똑바로 서 있지도 못한다. 늙은이처럼 몸이 굽어 있다.

이로부터 아름다운 이야기가 나왔다. 깨달은 스승인 아가스티야(Agastya)가 남쪽으로 가고 있었다. 빈드야(Vindhya)가 몸을 엎드려 절하자 아가스티야가 말했다.
"빈드야, 너는 이 자세로 있어라. 이런 자세로 있어야 내가 넘어가기가 쉽다. 네가 똑바로 서 있으면 나 같은 늙은이는 넘어가기가 힘들다. 나는 곧 돌아올 것이다. 제자들이 나를 계속해서 초청하고 있다. 이제 죽음이 가까워지고 있으니 나는 그들의 소원을 들어주어야 한다. 그들을 만나 보고 곧 돌아올 테니 일어서지 말고 기다려라."

그러나 아가스티야는 돌아오지 못하고 남쪽에서 죽었다. 빈드야는 땅에 엎드려 아직도 스승이 돌아오기를 기다리고 있다. 스승이 남쪽으로 간 것은 벌써 아득하게 오래전의 일인데……. 96

네팔, 카그베니의 담푸스 봉우리

나는 히말라야를 사랑한다. 나는 그곳에서 죽고 싶다. 그곳은 죽기에 가장 아름다운 장소이다. 물론 살기에도 아름답다. 그러나 죽는 장소로는 최상(最上)이다. 노자도 그곳에서 죽었다. 붓다도, 예수도, 모세도 히말라야의 계곡에서 죽었다. 모세나 예수, 노자, 붓다, 보디달마, 밀라레빠, 마르빠, 틸로빠, 나로빠, 그리고 수천 명의 성자들이 그곳에서 죽었다.

스위스도 아름답지만 히말라야와 비교가 안 된다. 스위스는 현대적 설비가 모두 갖춰져 있어서 살기에 편리하다. 그러나 히말라야에서 사는 것은 매우 불편하다. 히말라야에는 도로, 전기, 비행기, 철도 시설이 전혀 없다. 그러나 그곳에는 순수함이 있다. 히말라야는 그대를 다른 시간, 다른 존재, 다른 공간으로 데려간다. [97]

히말라야는 수천 년 동안 신비주의자들을 매혹시켰다. 그곳에는 신비한 분위기가 있다. 한 번도 녹지 않은 만년설, 깨지지 않는 침묵, 인적 미답의 길들……. 히말라야의 봉우리와 내면의 의식 사이에는 어떤 유사점이 있다. [98]

내게 있어서 인도는 명상을 배우기 위한 상징물 외에 다른 것이 아니다. 인도는 명상 대학이다. 이것은 비단 오늘날의 이야기가 아니다. 수천 년 전부터 인도는 명상의 종합 대학이었다. [99]

라자스탄, 푸쉬카르의 사원과 가트(Ghat)

종교의 씨앗이 땅에 떨어져 싹이 트기까지는 수천 년이 걸린다. 인도에서 행해진 실험은 단순히 싹이 트는 데 그치지 않고 꽃이 되어 피어났다. 그런데 그대 인도인들은 이 소중한 꽃들을 잃을지도 모르는 상황에 처해 있다. 그대들은 이 꽃을 잃을 것이다. 왜냐하면 그대들은 이 꽃들을 보지 못하기 때문이다. 그대들은 등을 돌리고 서 있다. 그대들은 이 꽃이 주는 의미를 더 이상 보지 못한다.

한편, 서양은 걸음마부터 다시 시작해야 할 것이다. 서양이 종교로 가는 여행을 시작한다면, 그들은 우리가 5천 년 전인 베다 시대에 출발했던 지점부터 다시 시작해야 할 것이다. 그리고 우리가 도달했던 지점에 그들이 이르려면 5천 년이 걸릴 것이다. 그러나 그 동안에 인류는 살아남을 수 없을 것이다.

이런 까닭에 나는 인도가 막중한 책임을 지고 있다고 말한다. 우리가 발견했던 실마리, 법칙, 인간의 의식 속으로 들어가는 방편들…… 만일 이것들을 포기하고 싶다면 그 전에 다른 사람들에게 넘겨주어야 한다. 이것이 최소한의 의무이다. 그러나 명심하라. 그대들은 오직 자신이 가진 것만을 남에게 넘겨줄 수 있다.

우리는 서양에 기타(Gita)를 줄 수 있다. 그러나 그것은 곧 쓰레기가 될 것이다. 왜냐하면 노래 자체는 기타 안에 있지 않기 때문이다. 기타에는 단어가 들어 있으며 이것은 이미 대부분의 서양 언어로 번역되었다. 이런 식으로는 아무 문제도 해결되지 않을 것이다. 하지만 크리슈나 안에 있던 것을 우리가 서양에 어떻게 줄 수 있을까? 기타는 그림자이며 메아리일 뿐이다. 크리슈나 안에 일어났던 것을 어떻게 줄 수 있을까? 그것은 우리 안에 크리슈나가 계속 일어나야만 전해질 수 있다.

나의 주된 관심은 그대 안에 명상가가 태어나야 한다는 것이다. 인도가 붓다와 똑같은 지혜를 가진 일단의 명상가들을 서양에 준다 해도 해될 것은 없다. 종교가 인도에 살아남느냐, 아니면 서양에 살아남느냐 하는 것은 문제가 아니다. 그것은 문제가 아니다. 문제는 과연 종교가 살아남느냐 하는 것이다. 사원이 어느 땅에 세워지건 문제될 게 없다. 모든 땅은 비슷하다. 그런데 그대들은 사원을 황폐화시키고 있다. [100]

또 하나의 인도가 있다. 붓다들의 인도, 영원한 인도가 있다. 내가 그중의 일부이고, 그대들도 그 중의 일부이다. 사실, 어느 곳에 명상이 일어나든 그 명상가는 영원한 인도의 일부가 된다. 그 영원한 인도는 지리학적인 곳이 아니다. 그곳은 영적인 공간이다. [101]

❧

Sources

□ 일련 번호가 붙은 이 책의 내용은 다음 책들에서 발췌한 것입니다.

들어가는말 The Osho Upanishad, Chapter 21

1 Phir Patton Ki Panjeb Baji, Chapter 1

2 Sat-Chit-Anand, Chapter 12

3 Behind a Thousand Names, Chapter 1

4 Vedanta: Seven Steps to Samadhi, Chapter 4

5 The Secret, Chapter 12

6 The Razor's Edge, Chapter 11

7 Hari Om Tat Sat, Chapter 16

8 Konpalen Phir Phoot Ayin, Chapter 12

9 Books I Have Loved, Chapter 6

10 Death is Divine, Chapter 1

11 The Great Challenge, Chapter 7

12 The Great Challenge, Chapter 7

13 The Tantra Experience, Chapter 1

14 The Dhammapada: The Way of the Buddha, Vol. 8, Chapter 5

15 Om Mani Padme Hum, Chapter 4

16 From Death to Deathlessness, Chapter 17

17 Yaahoo! The Mystic Rose, Chapter 25

18 The Path of the Mystic, Chapter 23

19 Behind a Thousand Names, Chapter 15

20 Behind a Thousand Names, Chapter 15

21 Don't Let Yourself Be Upset by the Sutra, Rather Upset the Sutra Yourself, Chapter 5

22 Mahavir Vani, Vol. 2, Chapter 20

23 Sat-Chit-Anand, Chapter 10

24 Beyond Enlightenment, Chapter 7

25 Sufis: The People of the Path, Vol. 1, Chapter 15

26 Bodhidharma, Chapter 11

27 From Darkness to Light, Chapter 30

28 Savasar Upanishad, Chapter 9

29 The Rebellious Spirit, Chapter 15

30 Beyond Psychology, Chapter 2

31 From Darkness to Light, Chapter 10

32 Yoga: The Alpha and the Omega, Vol1, Chapter 1

33 The Dhammapada: The Way of the Buddha, Vol. 5, Chapter 10

34 Om Mani Padme Hum, Chapter 4

35 Krishna: The Man and His Philosophy, Chapter 13

36 What Is, Is, What Ain't, Ain't, Chapter 5

37 Krishna: The Man and His Philosophy, Chapter 1

38 Nothing To Lose But Your Head, Chapter 2

39 The Path of the Mystic, Chapter 28

40 Come Follow To You, Vol. 4, Chapter 9

41 Come Follow To You, Vol. 4, Chapter 9

42 The Secret, Chapter 12

43 The Divine Melody, Chapter 5

44 Bodhidharma: The Greatest Zen Master, Chapter 12

45 The Golden Future, Chapter 5

46 The Osho Upanishad, Chapter 37

47 The Transmission of the Lamp, Chapter 11

48 Philosophia Perennis, Vol. 1, Chapter 9

49 The Beloved, Vol1, Chapter 1

50 The Razor's Edge, Chapter 16

51 The Osho Upanishad, Chapter 37

52 Sambhog Se Samadhi Ki Aur, Chapter 13

53 Sambhog Se Samadhi Ki Aur, Chapter 13

오쇼에 대하여

오쇼의 가르침은 어떠한 틀로도 규정하기 힘들 만큼 다양한 주제를 다루고 있다. 그의 강의는 삶의 의미를 묻는 개인적인 문제에서부터 현대사회가 안고 있는 시급한 정치·사회적인 문제에 이르기까지 거의 모든 주제를 망라한다. 오쇼의 책은 그가 직접 저술한 것이 아니라, 다양한 국적의 청중들에게 들려준 즉흥적인 강의들을 오디오와 비디오로 기록하여 책으로 펴낸 것이다. 그는 자신의 강의에 대해 이렇게 말했다. "내가 무슨 말을 하건 그 말은 지금 이 시대의 당신들을 위한 것일 뿐만 아니라 다가오는 미래 세대를 위한 말이기도 하다."

런던의 선데이 타임스(Sunday Times)는 20세기를 빛낸 천 명의 위인들 중 한 사람으로 오쇼를 선정했으며, 미국의 작가 탐 로빈스(Tom Robbins)는 오쇼를 '예수 이후로 가장 위험한 인물'로 평하기도 했다. 인도의 선데이 미드데이(Sunday Mid-Day)는 인도의 운명을 바꾼 열 명의 인물을 선정했는데, 그 중에는 간디, 네루, 붓다 등의 인물과 더불어 오쇼가 포함되어 있었다.

오쇼는 자신의 일에 대해 새로운 인간이 탄생하도록 기반을 닦는 것이라고 했으며, 이 새로운 인간을 '조르바 붓다(Zorba the Buddha)'로 부르곤 했다. 조르바 붓다란 니코스 카잔차키스의 소설 속 주인공인 그리스인 조르바처럼 세속의 즐거움을 누리는 동시에, 붓다와 같은 내면의 평화를 겸비한 존재를 일컫는다. 오쇼의 가르침에 일관되게 흐르는 정신은, 과거로부터 계승되어온 시대를 초월한 지혜와 오늘날의 과학문명이 지닌 궁극적인 가능성을 한데 아울러 통합하는 것이다.

또한 오쇼는 점점 가속화되는 현대인들의 생활환경에 맞는 명상법을 도입하여 인간의 내면을 변화시키는 데 혁명적인 공헌을 하였다. 그의 독창적인 '역동 명상법'들은 심신에 쌓인 스트레스를 풀어줌으로써 일상생활 속에서 더 수월하게 평화와 고요함을 경험할 수 있게 해준다.

아래의 두 책을 참고하여 오쇼의 생애에 대해 더 자세하게 알아볼 수 있다.
· 『Autobiography of a Spiritually Incorrect Mystic』
· 『Glimpses of a Golden Childhood』

오쇼 국제 명상 리조트

Osho International Meditation Resort | **www.osho.com/meditationresort**

위치

인도 뭄바이(Mumbai)에서 남동쪽으로 160킬로 떨어진 뿌네(Pune)에 위치하고 있는 오쇼 국제 명상 리조트는 휴가를 즐기기에 매우 적합한 곳으로, 우람한 나무들이 주거지역을 둘러싸며 40에이커에 달하는 아름다운 정원을 형성하고 있습니다.

특징

매년 100개국이 넘는 나라로부터 수많은 방문객들이 오쇼 국제 명상 리조트를 찾아오고 있습니다. 이 독창적인 명상 리조트는 축제를 즐기듯 즐거운 분위기 속에서 더 평온하며 더 깨어있는 창조적인 방식으로, 새로운 삶의 길을 경험할 수 있는 기회를 제공합니다. 몇 시간의 단기 프로그램에서부터 해를 넘기는 장기 프로그램에 이르기까지, 선택의 폭이 매우 다양합니다. 아무것도 하지 않고 그저 휴식을 취하는 것도 오쇼 국제 명상 리조트에서 제공하는 프로그램 중의 하나입니다.

모든 프로그램은 '조르바 붓다(Zorba the Buddha)' 라는 오쇼의 비전에 바탕을 두고 있습니다. 조르바 붓다는 날마다의 일상생활에 창조적으로 임하며 침묵과 명상 속에서 고요하게 휴식하는 새로운 유형의 인간을 뜻합니다.

명상 프로그램

활동적인 명상, 정적인 명상, 전통적인 명상법, 혁신적인 방편들, 오쇼의 역동 명상법에 이르기까지 각 개인에 맞는 명상 프로그램이 하루 종일 진행됩니다. 이 명상 프로그램들은 세계에서 가장 큰 규모의 명상홀인 '오쇼 오디토리엄(Osho Auditorium)' 에서 진행됩니다.

멀티버시티 Multiversity

오쇼 멀티버시티가 제공하는 다양한 종류의 개인 세션, 수련 코스와 그룹 워크숍은 창조적인 예술, 건강 요법, 인간관계 개선, 개인의 변형, 작업 명상, 비의적인 학문과 선(禪)적인 접근방식이 도입되었고, 프로그램의 범위 또한 스포츠와 레크리에이션 등을 망라하고 있습니다. 이처럼 다양한 프로그램들은 명상과 결합되어 성공적인 효과를 내고 있는데, 이것은 오쇼 멀티버시티가 인간을 여러 부분들의 조합으로 보는 것에서 그치지 않고, 그를 훨씬 뛰어넘는 존재로 인식하는 명상적 이해에 기반하기 때문입니다.

바쇼 스파 Basho Spa

고품격의 바쇼 스파에는 울창한 나무와 열대식물에 둘러싸인 야외 수영장, 독창적 스타일의 넉넉한 자꾸지(Jacuzzi), 사우나, 테니스장을 비롯한 여러 체육 시설 등이 아름답게 배치되어 있습니다.

먹거리

리조트 내의 여러 식당에서는 서양식, 아시아식, 인도식 채식 요리가 제공되며, 대부분의 식재료는 명상 리조트의 방문객을 위해 유기농법으로 생산된 것들입니다. 빵과 케이크 역시 리조트 내에서 자체적으로 만들고 있습니다.

야간 행사

야간에도 다양한 종류의 행사가 벌어집니다. 그중 최고로 꼽히는 댄스파티를 비롯해 별빛 아래서 행해지는 보름날 명상 프로그램, 각양각색의 쇼와 음악 공연, 그리고 여러 가지 명상법들이 진행됩니다. 이 밖에도 플라자 카페(Plaza Cafe)에서 친구들을 만나 즐기거나, 정적에 잠긴 아름다운 정원을 산책하는 것도 좋습니다.

편의 시설

리조트 내에는 은행, 여행사, 피시방이 준비되어 있습니다. 기본적인 생필품은 갤러리아(Galleria)에서 구입이 가능하며, 멀티미디어 갤러리(Multimedia Gallery)에서는 오쇼의 미디어 저작물을 구입할 수 있습니다. 그 밖에 더욱 다양한 쇼핑을 즐기고 싶은 분들은 뿌네 시내에서 인도의 전통 상품을 비롯한 다국적 브랜드의 여러 가지 물건들을 구입할 수 있습니다.

숙박 시설

리조트 내에서는 오쇼 게스트하우스(Osho Guesthouse)의 품격 있는 객실을 이용할 수 있습니다. 더 오랜 기간의 체류를 원하는 방문객은 '리빙 인(Living In)' 이라는 패키지 프로그램을 이용하거나, 리조트 밖에 있는 다양한 종류의 호텔과 아파트를 이용할 수도 있습니다.

더 많은 정보를 보시려면 아래의 웹사이트를 참고하시기 바랍니다.

www.OSHO.com

오쇼 닷컴에서 제공하는 내용
인터넷 매거진, 오쇼 서적, 오디오와 비디오, 영어와 힌디어로 된 오쇼 저작물들,
오쇼 명상법에 대한 정보, 오쇼 멀티버시티의 프로그램 스케줄,
오쇼 국제 명상 리조트에 관한 정보

관련 웹사이트
http://OSHO.com/resort
http://OSHO.com/magazine
http://OSHO.com/shop
http://www.youtube.com/OSHO
http://www.oshobytes.blogspot.com
http://www.Twitter.com/OSHOtimes
http://www.facebook.com/pages/OSHO.International
http://www.flickr.com/photos/oshointernational

아래의 주소를 통해 오쇼 국제 재단에 접촉할 수 있습니다.
www.osho.com/oshointernational
oshointernational@oshointernational.com